書下ろし

プロ野球スカウトが教える ここ一番に強い選手 ビビる選手

上田武司

祥伝社黄金文庫

本書は、祥伝社黄金文庫のために書き下ろされた。

まえがき

選手、コーチ、育成監督、スカウトとして巨人にたずさわり44年。同僚として、指導する相手として、またスカウトの対象として、個性豊かなさまざまな選手を見てきました。古くは、長嶋《ながしま》さん、王《おう》さん、そして現在巨人の監督原辰徳《はらたつのり》、清原《きよはら》、松井《まつい》、近いところでは、阿部《あべ》、坂本《さかもと》、内海《うつみ》など現在の中心選手たちです。

どの選手もプロ野球に入ってくるほどですからみな才能豊かで、非凡なものを持っているのは当たり前でした。しかし、ここに名前を挙げたような結果を残してスターになれた選手ばかりではなく、持っている才能を生かしきれずに消えていってしまった選手も数多く見てきました。

結果を出せた選手、球史に名を残した選手の共通点は何かというと、私が見る限りみな「ここ一番」に強かったと思います。逆に球界を去らなければならなかった選手の共通点としては、「ここ一番」という与えられたチャンスを生かせなかったという気がします。

ここで1本ヒットを打てばサヨナラ勝ちの打席でヒットを打てるバッター、ここで抑えなければ逆転されるというときにピシッと抑えられるピッチャー、まさにここ一番に強い選手といえるでしょう。サヨナラヒット、サヨナラホームランの多いバッター、得点圏打率の高い打者、大事な試合には必ず勝つエース、防御率のよいクローザーなど勝負強さが数字でわかる場合もありますが、記録だけではない、ここ一番に強い選手もいます。

私が現役時代にいっしょにプレーした長嶋茂雄は、まさに記録上でも、そして記憶でもここ一番に強い選手でした。大事な試合、ここで打ってほしいというときには必ず結果を出していました。これが、彼の持っていた勝負強さだったのだと思います。少し話が古くなりますが、天覧試合で阪神の村山《むらやま》さんから打ったサヨナラホームランは、彼のここ一番での強さを象徴するエピソードでしょう。

チャンスに強い選手、ピンチでビビってしまう選手、その差はどうして生まれてくるのか？　ここ一番に強い選手はどのような選手なのか？　私の経験から知り得た選手のエピソードなども交えて、その違いを分析していきたいと思います。

楽しく読んでいただきながらも、ここ一番に強い選手のメンタルの管理、自己分析、練習方法などから、何かを感じていただければ幸いです。

２０１２年秋

上田武司

目次

6章　野球を愛する人々へ

付録

装丁／盛川和洋

1章 ここ一番に強い選手とは

長嶋の1打が流れを変えたV9最終年

V9最終年の1973年（昭和48年）はシーズン開幕直後からチームの状態は最悪で、前半戦は4、5位がやっと。首位からは7、8ゲーム離されていました。ナインの誰ひとり、口にこそ出さなかったものの、「ここまで8年間続けてきたシーズン優勝も日本一も、今年で終わるかもしれない…」と思っていたのではないでしょうか。長嶋さんの調子も悪く、ナインの意気は一向に上がりませんでした。ところが、ある試合の、それも長嶋さんのヒット1本をきっかけにチームのムードは一変します。

7月1日の甲子園球場。9回ツーアウトまで阪神の上田二朗《うえだじろう》投手にノーヒットノーランに抑えられていましたが、長嶋さんがレフト前にヒットを打って屈辱の記録を阻止することができたのです。試合は0－4で負けたものの、宿舎に帰るバスの中はそれこそ勝ったかのようなお祭り騒ぎでした。

快打を飛ばすまで何を考えたか、私に話してくれたことを今も覚えています。

「初球、田淵幸一《たぶちこういち》のサインに上田は首を振ったんだ。それで『あっ、ストレートだな』と」

相手の上田はこの日カーブがよく、田淵は初球にそれを要求したのは当然ですが、それは逃げのサイン。上田が首を振ったのは、強気にストレートで勝負したいからだと長嶋さんは読んだのです。一塁ベースに立った長嶋さんはマウンドでうなだれる上田に何か声をかけていました。バスの中で柴田《しばた》さんが聞いたところでは「二朗、我慢してくれよ」と言ったそうです。

この試合から2週間後の7月16日、後楽園球場の中日戦で長嶋さんは通算7本目のサヨナラホームランを打っています。チームにようやく勢いが出てきたころの効果的な1本。もちろんベンチは大騒ぎになりましたが、阪神戦のときほどの強烈な印象はありません。ONが試合を決める1打を放つのは当たり前のことだったからです。

この年、シーズン優勝を決めたのは、阪神との最終戦。すべての始まりは7月の阪神戦の長嶋さんの1打だったのです。

敬遠のくそボールをホームランする練習

長嶋さんのトスバッティングで、不思議な光景を目にしたことがあります。トスバッティングはふつう、打ちごろのところにトスしてもらうものなのですが、頭より高く上げてもらい、それをダイコン切りで打つのです。それも遊びで1、2球ではなく、10球は続けてトス役に要求していました。

ファンにどんなプレーを見せれば喜んでくれるか、いつも考えていたのが長嶋さん。敬遠されることが多くバットを持たず素手で打席に入ったりもしましたが、おそらく敬遠のとんでもないボール球を打って試合を決めるシーンも頭にあったはず。それがホームランに結びついたのです。

天覧試合でサヨナラホームランを打ち、日本シリーズやオールスター、日米野球でも好成績を残していますが、私が見てきたかぎりでは1打席1打席に集中し、まさに「ここ一番」に強い長嶋さんだけができることでした。

長嶋の鬼気迫る真夜中の素振り

これは惜しまれながら亡くなられた土《ど》井正三《いしょうぞう》さんにお聞きしたエピソードです。

今は遠征の宿泊先はホテルの1人部屋が当たり前になっていますが、長嶋さんや土井さん、そして私が現役だったころは和風旅館、それも相部屋がふつうでした。立教大学の先輩後輩でもあっただけに、土井さんは長嶋さんと同室になることが多かったのです。

阪神との試合で定宿の竹園《たけぞの》旅館に泊まったときのことでした。真夜中、土井さんは頭の上でビュンビュンとすごい音がして目を覚まします。「何が起きたのか」と恐る恐る目をあけてみると、長嶋さんがバットを振っています。それも、「低めの球、これはボールだ」「ん、外角の直球、ストライクか」「フォークだな、これは手を出してはだめだ」「よし、この球だ」と1球ごとに声に出して振っているのです。

土井さんは寝ているふりをして聞いているうちに、長嶋さんは終生のライバルだった故村山実《みのる》さんの投球を想定して攻略法を探っているのだとわかりました。天真爛漫《てんしんらんまん》に見えて、他人に気を使うのが長嶋さん。同宿しているのは気心の知れた後輩だけに、つい熱が入ったのでしょう。

「長嶋さんはいつもバットを枕元に置いていて、気になるとバットを手にしていた。よくあることで慣れてはいましたけど、真夜中ですから事情が呑み込めるまでは、びっくりさせられました」。数えきれないほどのエピソードを残している長嶋さんですが、これこそまさにイメージトレーニング。大天才でも努力は怠らなかったわけで、私のような凡才には思いもよらない練習法です。

球場入りする前のわずかな時間にウォーミングアップを兼ねて素振りするのも習慣になっていて、そのトップバッターを務めたのもほとんど長嶋さんでした。広島遠征の世羅《せら》別館には中庭があり、午前11時ごろになると長嶋さんが出てきて素振りを始めます。私の部屋は中庭をはさんで長嶋さんの部屋の真向かい。2階だから見通しもよく部屋を出るところも、すぐに気が付きます。それを合図に、われわれ若手も中庭に行ってバットを振るのが習慣になっていました。

試合のことを考えるといてても立ってもいられなくなる長嶋さんの性格がそうさせたのでしょうが、「リーダーシップは俺が取らなければならない」ことも自覚していました。あれこれいうより自ら率先して動く長嶋さんらしさが出た習慣でした。

将棋で養っていた勝負勘

長嶋さんは将棋好きで、当時の中原誠名人《なかはらまこと》に指導対局を指してもらったことがあり、当然飛車角抜きの2枚落ちでしたが「1手違いで負けた」のが自慢で名誉三段の腕前です。遠征で試合が終わって宿舎に戻ると、選手は素振りをしてからシャワーを浴びて夕食をとります。将棋はそれから寝るまで束の間の息抜き。短い時間で決着がつくのでいい気分転換になります。若手が3、4人集まって「1局、指すか」となり、そこにひょっこり顔を出すのが長嶋さん。「おっ、やってるな。次は誰か俺の相手をしてくれ」と、待ちきれないように将棋盤を覗《のぞ》き込むのです。

よく相手をしたのが私でした。長嶋さんは中飛車しか指さないのがわかっていましたから王将を金銀でがっちり固めると、「おっ、そうくるか」と頭を抱えます。野球とは勝手が違って考え込む姿を見るのが楽しみでした。中原名人と対局したとき記念に贈られた、将棋ファンなら垂涎《すいぜん》ものの天童《てんどう》のつげの駒を、「お前、将棋好きだよな」と私にくれました。今も大事に持っています。

将棋といえば、江川卓《えがわすぐる》もかなり強い。宮崎のキャンプでは著名人に講演してもらうことがあって、そのとき講演をお願いした1人に将棋の内藤國雄《ないとうくにお》さんがいました。1時間前後の講演が終わってから将棋盤が用意され、「どなたか、私と指しませんか」と誘われて手を挙げたのが江川。盤の周囲にはギャラリー、といっても巨人のコーチや選手ですが、江川は堂々とした戦いっぷりで、その強さが伝わってきました。さすがに勝たせてはもらえませんでしたが、内藤さんから「君は、いい筋をしている」と褒められた江川は照れながらも、うれしそうにしていました。

長嶋監督〝ひらめき代打〟の波紋

選手時代も監督になってからもエピソードの多さで球界一はミスターこと長嶋さんに尽きるでしょう。売りはオーバーアクションとひらめき、言動は奔放そのものなのですが、それが思わぬ波紋を広げることもありました。

国松彰《くにまつあきら》打撃コーチとそりが合わなかったのがそうでした。球界では3年先輩、年齢も国松コーチが2歳年上だったのですが、ミスターは現役当時から国松さんを「ナボ、ナボ」と呼んでいました。王さんの「ナボナはお菓子のホームラン王です」のテレビCMで知られた製菓会社の令嬢が国松さんの奥さんだったからです。他意がないことをわかってはいてもおもしろいはずがなく、それに拍車をかけかねない出来事が甲子園球場で起きます。

ピンチヒッター起用のシーンで長嶋監督に、「誰が行ける?」と聞かれた国松コーチは「(山本《やまもと》)功児《こうじ》と淡口《あわぐち》(憲治《けんじ》)ができていますが、ここは功児がいいと思います」と答えました。監督がうなずいたのを確認してベンチ裏に行き、バットを振っていた山本に「功児、お前が先だ」と伝えました。ヘルメットをかぶり、主審に代打を告げに行く監督の後ろを歩いてバッターボックスに向かいます。主審が選手交代にうなずき、監督が振り向いて山本にいったのは思いもよらぬ一言でした。

「お前、何してんだ」

山本がきょとんとしていると、「ピンチヒッター、淡口」とアナウンスされたのです。

ベンチにいた国松コーチが「監督、違いますよ。山本功児ですよ」といっても、もう遅い。ベンチに戻った監督にそれをいうと、「あー、いいんだ、いいんだ」。主審のところに向かう途中でひらめいたのでしょうが、国松コーチが怒るのは当然でした。淡口があわてて打席に入りましたが、私もあまりのことに動揺していたのか、結果がどうだったかは記憶にありません。

ここ一番の極み、サヨナラホームラン12本の清原

タイトルを何度取ってもおかしくない成績を残しながら、ほとんど縁のなかった選手がいます。ON2人で毎年のように打撃3冠を独占していたときに、きれいな放物線を描くホームランでアーチストと呼ばれた阪神の田淵幸一はその1人。1975年に43本で本塁打王になっていますが、タイトルはこの1度だけ。王さんがいなければ、おそらく3、4度はホームランキングの座に就いていたはずです。

そして、もう1人は清原和博《かずひろ》。巨人に移籍したときは残念ながら全盛期を過ぎていましたが、西武在籍時には、打点をあと1点、ホームランもあと1本マークしていればタイトルホルダーの仲間入りをしていたシーズンがありました。打点は1992年のブーマー・ウエルズ（阪急）97点と清原96点。本塁打は96年、トロイ・ニール（オ

リックス）32本と31本でした。タイトルに固執する選手なら逆転可能な数字ですが、記録に淡白な清原は「そのうち取れるさ」と思ったのでしょう。結局、無冠に終わったのですが、清原が誇っていい球界ナンバー1の記録にサヨナラホームラン12本とサヨナラヒット20本があります。（218ページ参照）「ここ一番」で勝負強さを発揮した清原ならではの記録です。

ここ一番はプラス思考が勝負

1点リードされていてワンアウト、ランナー三塁。打者が緊張を強《し》いられるシーンです。スクイズに備えて内野は前進守備、外野はバックホーム態勢を敷くのが打者の視界に入ってくるからです。打席に入る前に監督から「ここは、お前に任せた」と言われていたとしても、そうは気楽にバットを振れないものです。

チャンスでの打席、バッターなら奮い立つところですが気持ちの持ち方は2つのタイプに分けられます。「よーし、犠牲フライとはいわず、ヒットを打ってやる」と「俺でいいのかな。三振したらどうしよう……」です。プラス思考とマイナス思考といってよく、選手それぞれ性格が違い、いい悪いはいえないのですが、私はプラス思考のほうが結果は出せると思います。ピッチャーにも気配は伝わり、失投を誘うこともあるからです。

立場を変えて、ピッチャーは何を考えるかというと、バッターに似ています。「打たせるもんか！　いや、絶対に三振に取ってやる」と「甘いコースに行ったらヤバいな」――野球はバッテリーとバッターの心理戦、怖気《おじけ》づいたほうが負けるのです。

巨人と西武で中継ぎと抑えで活躍した鹿取義隆《かとりよしたか》に、ピンチの場面に登板したときのピッチャーの心構えを聞いたことがありました。答えは強気そのもので得意球の1つ、シンカーを投げておけば「絶対、打たれない」と信じてマウンドに立ったといっていました。そして、「打たれるかもしれない」と思ってはだめだとも。

マイナス思考は連鎖する

ブルペンエースと呼ばれるピッチャーに共通するのは、気持ちの弱さです。ピッチング練習では素晴らしい球がコースに決まり「よし、これなら行けるだろう」とマウンドに送り出すと、滑り出しは上々のピッチング。ツーアウトを取り、ベンチで投手コーチとうなずき合ったのはぬか喜びに終わります。きわどいコースをボールと判定されフォアボールでランナーを出してピッチングは一変。制球は定まらなくなり、ヒットとまたフォアボールでピッチャー交代を告げられます。

ベンチに戻ってきたピッチャーに「どうしたんだ」と聞くと、「ストライクが入らなくなって……」とうなだれる。ノーコンピッチャーに多いマイナス思考なのです。

これが自分の投球に自信が持てないピッチャーが崩れるパターン。「まだランナーを1人出しただけだ」と気持ちを切り替えればいいものを、「ああ、抑えられなかった」と悲観してしまうのです。それで終わればいいのですが、そのあとを任せられるピッチャーにも弱気が伝染するときがあります。札幌《さっぽろ》・円山《まるやま》球場での試合。リリーフが4、5人、次々にフォアボールを連発。あきれ果てた長嶋監督が高校でピッチャーだった柴田勲《いさお》さんに、「ピッチングの用意をしておけ」といったのでした。

〝負の連鎖〟はピッチャーだけではありません。現役のころ、1回だけですが内野手全員、連続してエラーしたことがあります。もちろんファースト王、サード長嶋もその1人で、最初にゴロをはじいたのが王さん。続いて長嶋さんがエラーし、守備の名手、セカンド土井さんも……。ショートを守っていた私は「どうしてみんな、ポロポロやってるんだ」と思いながら、やっぱりエラーしてしまったのです。攻撃で5連打、6連打と打線が爆発するのとは正反対ですが、弱気と強気がナインに伝染することがあるのは、野球の不思議さというしかありません。

3、4、5番それぞれに求められるもの

V9当時（1965から73年）の3、4番は王さんと長嶋さんで不動で、イニシャルからON砲と呼ばれ打撃3冠は2人でほぼ独占していました。巨人の黄金時代であり、その途中から一軍に上がった私は、2人の華麗なプレーに驚かされました。また、3番長嶋、4番王と打順が入れ替わることもあり、「どちらが4番にふさわしいか」が話題になったものです。

3番最強打者説があるからですが、2人に甲乙を付けられるはずがない。長嶋さんの4番が多かったのはプライドを重んじてだったと思います。長嶋さんが4歳年上、

巨人入団も1年早かったからです。今も巨人に新たな4番が誕生すると注目されるように、巨人の4番は特別なのです。

ONが偉大すぎたために割を食ったのが5番打者。生え抜き選手はなかなか育たず、V9がスタートする前から移籍選手の〝定位置〟でした。1963年に大毎（現ロッテ）から柳田利夫《やなぎだとしお》、65年は東映（現日本ハム）の吉田勝豊《よしだかつとよ》と近鉄（現オリックス）の関根潤三《せきねじゅんぞう》。66年は西鉄（現西武）の田中久寿男《たなかくすお》。67年は西鉄の高倉照幸《たかくらてるゆき》と広島の森永勝也《もりながかつや》。69年は大洋（現DeNA）の桑田武《くわたたけし》。

FA制度のないころで、ほとんどがトレードによる移籍で、柳田を獲得するためにエース格だった堀本律雄《ほりもとりつお》を放出したほどでした。ピークを過ぎていたとはいえ、それぞれの球団の主力選手だったからで、67年には柳田、吉田、田中、高倉、森永の5選手が在籍していたほど。ベンチの端に座っていた、まだ新人の私は目を白黒させているだけでした。69年に荒川《あらかわ》道場で王の後輩だった末次利光《すえつぐとしみつ》さんが台頭して、ようやく5番は固定されることになります。

3、4番がその能力を発揮できるのは5番に気の抜けないバッターがいてこそ。巨人がトレードでふさわしいバッターを模索したのは、サラリーマン社会なら中途採用で有能な人材をライバル会社から引き抜くことに似ているといえます。

新4番　村田修一《むらたしゅういち》のプレッシャー

2012年、横浜（現DeNA）からFAで巨人に移籍した村田修一が、中核選手の1人として活躍し、一時は並み居る強打者を押しのけて4番に座った時期もありました。

村田をよく知る関係者によると、彼は責任感が人一倍強い性格だといいます。横浜在籍時、強打者は村田1人の状態で、チャンスに打席が回ってくれば「俺が打たなきゃ」と気負ってしまい空回りしてしまうこともありました。相手のピッチャーにしてみれば、村田だけマークすればいいので、そう簡単には打たせてもらえなかったともいえるのです。

しかし、巨人は気の抜けない選手ばかりです。「俺が打てなくても、ランナーを進塁させれば、後ろが（ホームに）還してくれる」と考えられるようになったのでしょう。強引に引っ張らず、チームバッティングに徹する姿も見られました。

「優勝争いする球団で戦いたい」と思うのは、プロ野球選手であれば誰もが持つ夢です。「巨人にばっかり、いい選手が入ってくる」と揶揄《やゆ》されますが、その多くはＦＡによるもので、選手自身の意思で選択したことです。しかし、横浜での実績を考えれば、もっと働けるはずですが、やはり巨人の４番は特別。村田もその目に見えぬ重圧と闘っているのでしょう。原監督が信頼して４番にも据えた村田が本領を発揮して活躍できるのか、来期は勝負の年となるでしょう。

４打席ノーヒットのヒーロー

チャンスに強く、負け試合をひっくり返す技術を持っているのが３、４番ですが、そのチャンスを作るのは１、２番です。長打力はないものの小技にたけている選手が多く、私が攻守のお手本にした土井正三さんはその１人でした。ランナー一塁では確実に犠牲バントを転がすか、エンドランを決める。バットは短めに持ち、ランナーがいなければくさい球はファールで粘って、フォアボールでもいいから塁に出ようとしていました。後ろにONが控えていたからです。

大差で勝ち負けがはっきりしている試合ではあっさり凡退する姿も目にしましたが、1点ほしい打席では執念さえ感じました。自らチャンスを作ろう、「ここ一番」を演出しようとしているのです。主役を引き立てる脇役でも「ここ一番」に強くなければ、その役割を果たしているとはいえないのです。

サヨナラホームランを2本打っている私が、4打席ノーヒットで思いもよらずヒーローになったことがあります。横浜球場での大洋戦、2－1で勝った試合で、2点とも同じパターンの得点でした。一塁に出た柴田さんの盗塁を2番の私がハーフスイングで援護し、ノーアウト二塁。そこで私がファーストゴロを打って三塁に進塁した柴田さんを、王さんが外野へ犠牲フライを打って還したのです。2番の私は当然のことをしただけです。

2打席は凡退していて、次の試合はヒットを打たなければと気を引き締めたものですが、びっくりしたのが翌日の新聞。毎日新聞のスポーツ欄で「上田がヒーロー」と取り上げられたのです。書いた記者は、のちに毎日新聞の運動部長、論説委員になる

六車《むぐるま》 譲《ゆずる》でした。

高校野球の名門、高松一商から早稲田大学に進学したのが六車で、高松一商が兵庫に遠征し、私が在籍していた鳴尾高校と対戦しました。「お前に2本ホームランを打たれた」と後楽園球場で取材されたときに苦笑いしていました。野球人を目指しながら立場が分かれた2人の忘れられない思い出です。

ビビりピッチャーのノーコン解消術

制球に難のある、いわゆるノーコンピッチャーが好投すると、その理由の1つに適当に荒れていてバッターが狙い球を絞りにくいからといわれることがあります。打たれずフォアボールも少ないときは気分よく投げられるから、ストライクも入るのです。

しかし、ヒットを打たれるのならともかく、たった1個のフォアボールがマウンドを降りるきっかけになることがあります。「ストライクを取らなければ」と焦るあまりコントロールが定まらなくなり、さらにフォアボールを連発。挙句の果てにボールを置きに行って痛打を浴びる。これが制球力に欠けるピッチャーが崩れる典型的なパターンです。

私は二軍担当のころに2年ほど投手コーチを務めたことがあります。速球に威力があり変化球もいいものを持っている、あとはコントロールさえ付けばと思ったピッチャーに、一風変わった練習を課すことがありました。守備練習でわざとエラーさせる練習に近いもので、ストライクではなく、あえてボールを投げさせるのです。それをピッチャーに伝えると、「えっ？」と目を白黒させたものです。いつもはストライクゾーンに構えたミットに3、4球に1球も行けばいいピッチャーなのに、外角高めの明らかにボールの位置のミットには3球に2球、ドンピシャの投球をする。これこそが私の狙いです。

「狙ったところに投げられるじゃないか」と褒めると、そのピッチャーは「ノーコンですから、ボールなら余裕で投げられますよ」と笑顔でいうのです。キャッチャーにミットをさらに違うボールの位置に構えさせてもきちんと投げられるようになってから、ストライクゾーンに構えるように指示します。ピッチャーはまたびっくりしますが、「ストライクだと思わないで投げてみろ」と私にいわれて投球練習を再開してみると、構えたミットに収まるようになっています。

「いやー、すごい。コントロールの悪い俺が、あんなにストライクを、それも狙って投げられたのは初めてだ」と喜びます。もちろん、そのままコントロールがよくなるほど野球は甘くはないのですが、ボールもストライクも狙ったところに投げられたのは、コントロールが戻ってきたともいえるのです。

戻ってきたというのは、プロ野球に入ってくるピッチャーはアマチュアでは抜けた存在です。コントロールが悪ければ、ドラフトで指名するはずがありません。ただ、プロが要求するレベルはアマとは格段にレベルが違います。球威があってもコースが甘くなって痛打され、「俺のコントロールでは通用しないのか……」と落ち込み、制球できなくなってしまうのです。

一度自信を失うと一流ピッチャーでも回復するまで時間がかかることがありますが、ピッチャーであればストライクを投げる感覚は身についています。打たれた、フォアボールを出したという失敗体験への意識が強すぎて、忘れているだけなのです。

ボールを狙って投げさせると、みんなうれしそうに投げます。

フォームは大きくなり、球にキレも出てきます。ストライクを投げなくていいだけでプレッシャーはなくなり、知らず知らずのうちに野球の楽しさを思い出しているのです。野球の教科書には書かれていない練習法ですが、心理的な負担から解放する遊びの要素もあるメンタルトレーニングなのです。

150キロの剛速球はボールの上を振れ

バッティングで悩むのはストレートの打ち方。マウンド上のピッチャーのウイニングショットが150キロ超の速球とわかっていても、打ち損じてしまう。プロならカットできるだろうと思うでしょうが、そんなに簡単には対応できません。8割はストレートと予想していても2割は変化球にも備えておかなければならないからです。しかし、対策はあります。速球を空振りするとき、バッターの多くがボールの下を振っていることからヒントを得た練習法で、ボールの上を振らせるのです。

空振りすればいいのですが、これが簡単ではない。150キロ超といっても投げるのはマシン。ストレートしか来ないとわかっていても空振りの練習は経験がないせいか、初めのうちはバッターの本能でジャストミートしてしまうこともあるほどです。頭を掻く選手に「よく見て、空振りしろよ」と指示する私も変な感覚にとらわれるのですが、集中して空振りできるようになればしめたもの。バットが直線的に出るようになってくるからで、バットが遠回りしないぶん、速球に対応できるようになっているのです。

「うちの選手は球の速いピッチャーが打てなくて。何か、いい練習法はないですか」と、ある大学の監督に聞かれて、これを教えると後日、「おかげさまで、打てるようになりました」と感謝されたものでした。

守備でエラーさせる、ピッチングではボールを投げさせる、そしてバッティングでは空振りしろ——どれも「逆は真なり」といえる練習ですが、普段はやるはずがないだけに選手には新鮮なのです。

藤田元司《ふじたもとし》監督だったころの宮崎キャンプで「監督、あえてエラーさせる練習はどうでしょうか」と提案したことがありますが、「ファンはわかってくれないだろう。ふつうの守備練習でいいよ」と即座に却下。私の勇み足でした。

ここ一番に強い代打の条件

プロ野球の醍醐《だいご》味の1つは、代打の存在ではないでしょうか。1試合に1度だけしか出番は回ってきませんが、その一振りで試合の流れを一変できる「ここ一番」でスポットライトが当たる名脇役です。代打に求められる仕事はバットを振ること。勝負を避けられストライクを投げてもらえないままフォアボールなら仕方がありませんが、打てる球を見逃すようでは失格です。

ピンチヒッターの鉄則は、ストレート系の第一ストライクは絶対、見逃さないこと。そして2ストライクに追い込まれたなら、どんな球でも手を出すことです。宝くじが買わないと当たらないように、バットも振らなければヒットにはなりません。ストライクを見送って三振してベンチに戻ろうものなら、監督やコーチに「お前は何をしに行ったか、わかっているのか！」と怒鳴られても仕方がないのです。

厳しい役回りのようですが、状況しだいでは気楽に打席に入ることもあります。ク

ここ一番でホームランを打てばナインの嬉しいお出迎え

リーンナップが手も足も出ないピッチャーが相手のときで「王さんや長嶋さんでも打てないのに、どうして私が打てるんだ」と思えば肩の力も抜けます。「よし、だめもとでバットを振ってこよう」と腹をくくれば怖いものはありません。リラックスして打席に立つのですから、たとえファウルでもいい打球が飛ぶこともあります。

２０１２年のシーズンの開幕戦、東京ドームの巨人ｖｓヤクルト戦で、石川雅規《いしかわまさのり》に９回ワンアウトまでパーフェクトに抑えられてあやうく完全試合を達成されそうになりましたが、やはりヤクルト戦で同じような経験をしたことがあります。１９７２年８月19日の後楽園球場で、ピッチャーは松岡弘《まつおかひろむ》。８回ツーアウトまでパーフェクト、２点ビハインドを許し敗戦濃厚のシーンで代打に指名されたのが槌田誠《つちだまこと》でした。プロ初安打が代打満塁本塁打だっただけに、運を持っていたのでしょう。詰まった当たりがセンター前に落ちて初ヒット、完全試合もノーヒットノーランも消えた瞬間でした。お通夜のようだった巨人ベンチは沸き返りました。同じ１敗でも完全試合を許したのでは、その後の士気に影響するからです。

続いて代打２番手に指名されたのが私でした。槌田が打つまでは、「誰かヒットを打てよ」「王さんだって打ち取られたんだから、無理に決まってるじゃないか」と言い合っていたのですが、1本出ればベンチのムードは一変します。「どんな球でも初球は振る」と心に決めていた私への1球目はストレート、真ん中にすーっと入ってきました。思いっきり振りぬくと同点2ランになり、次の最終回にさらに1点取ってサヨナラ勝ちしました。

私が打てたのは、その前の槌田の一打があったからです。ここ一番に強い選手でも、何が何でもという気持ちでバッターボックスに入ると体が動かなくなり、甘い球でも体が反応できなくなることがあります。ところがこのときの私は槌田がヒットを打ってくれたこともあり気負いはなく、「もしホームランでも打ったら、ヒーローだな」ぐらいにしか考えていませんでした。知らず知らずのうちに、プラス思考していたわけです。

代打にかぎらずバッターには、このポジティブシンキングが大事です。コーチになってから、緊張してロボットのようにコチコチになっている若手を見ると「うらやましいな、あんないいピッチャーと対戦できるんだから。3、4番も打ってないんだ。

1本でもかすれば、明日コーヒーおごるぞ。3本思いっきり振ってこい」といって送り出し、見事にヒットを打って、コーヒーを食事に変更したこともありました。うれしい誤算でしたが、若い選手ほど何気ないひと言で肩の力が抜けるもの。それを何度か経験すると、大事な出番で緊張しなくなり、「ここ一番」で力を発揮できるようになるのです。

バッターは3割打てば一流、代打も3回に1回打てば大成功です。それに比べてリリーフピッチャーは100パーセント抑えなければ失敗とみなされかねません。昨シーズンの巨人は小笠原道大《おがさわらみちひろ》や高橋由伸《たかはしよしのぶ》が代打で起用されたことがありましたが、対戦するピッチャーはたまったものではありません。いつもはクリーンナップで登場する主力選手。調子が悪い、腰の状態が万全ではないとわかっていてもビビります。プレッシャーは計り知れず、塁上に選手がいなくても「甘いところに行ったら、ロングヒットになる」と腕が縮こまり勝負しているつもりでもフォアボールになったりするのです。

若きリーダー坂本勇人《さかもとはやと》は拙守を返上できるか

「あっ、エラーするな」——ベンチから捕球体勢に入った選手を見ていると、そう直感することがありました。内野にゴロが飛んだときで、打球への入り方や構えでわかります。今の巨人ならショートの坂本勇人。華麗にキャッチして一塁に送球し、アウトになると、「さすがはプロ」とばかりファンは拍手喝采《かっさい》を送りますが、私には腰が高く手投げにしか見えないことがよくあります。エラーするのではと、いつもハラハラさせられるのは守備の基本ができていないからです。

坂本は高校卒でプロ入りし、2年目で一軍に上がっています。生来のバッティングセンスがあり、難がある守備には目をつぶってでもおつりがくると判断したからでしょう。素質のある選手でも2、3年、二軍に置くのは体をプロ向きに作り基本から守備を教えるためでもあるのです。坂本はその大切な時期を経験できなかったといえますが、守備は時間をかけて練習すれば必ず巧《うま》くなります。オフにヤクルトの宮本慎也《みやもとしんや》から手ほどきを受けていました。見込みがある選手が教えを請えば、たとえライバル球団でも自分の持っているすべてを伝えようとするのは野球人ならふつうのことです。

シーズンインすれば、週に5日は試合があるのが一軍。試合と試合の間は移動日で、よほどチームの状態がよくないかぎり練習することはありません。オフの自主トレと春のキャンプで十二分に体を鍛え、技術をアップできたか——1年間、活躍できるかどうかはこの時期の過ごし方にかかっているといって過言ではないのです。

ただ、試合前でも選手をピリッとさせる練習方法があります。仕上げのノックがそれで、野手を全員、ショートの位置に集合させ三遊間の一番深い位置に立たせてノックするのです。もちろんファーストには全力投球を命じます。1人ずつ、これを3本。力を抜けばすぐわかり、選手は捕球体勢から基本に忠実でなければファーストにいい球は投げられず、実戦さながらの緊張感を体に思い出させる効果があるのです。このあと、さらに外野で30メートルダッシュを3本課します。短い時間ですがこの2つの練習は密度が濃く、試合で大事な反射神経を刺激することにもなるのです。

「試合前の練習は調整程度に」とよくいわれますが、私はこのことばに違和感を覚えます。調整では筋肉に緊張感が伝わらず、打つにしても守るにしても全力を出せなくなるからです。だから私はコーチ当時、調整とは1度もいったことがありませんでした。短い時間でも限界まで追い込んでおかないと筋肉が「この程度でいいのか」と学習するようになります。とくに34、35歳のベテランは毎日これ以上は投げられない全力投球を何球か、これ以上速くは走れない全力走を何本かしなければ筋力は保てず、それを怠れば第一線から消えていくしかないのです。引退した工藤公康《くどうきみやす》や中日の山本《やまもと》昌《まさ》が周囲が心配するほど練習するのは、それがわかっているからです。

坂本にノックするコーチに注文を付けるとすれば、捕球体勢に入るとき、「膝をきちんと曲げろ。腕を柔らかく、グラブの面はボールに向けろ」と的確な指示を出すこと。すべて基本ですが、繰り返すうちに身に付いてくるのです。そして、千本ノックとはいいませんが、へとへとになるまでノックを受けること。そうなれば自然に体が反応するようになります。

名手も嫌がるツーアウト三塁

守備要員として一軍に上がったころの私に出番が回ってくるのは、終盤の7回ぐらいからでした。当時の後楽園球場はグラウンド状態がいいとはいえず、試合が後半に入るとスパイクで掘り返されていて、打球がイレギュラーするのを覚悟しなければなりませんでした。

守備固めは勝ち試合で起用されるのがふつうで、エラーは許されません。「上田、行け」といわれても気が進まなかったのは1点差か同点のような緊迫した試合展開のときです。たとえば1点リードのシーンは気が重いものですが、もっといやだったのは同点の9回、ツーアウト三塁での出番。エラーすれば1点が入ってしまうからですが、ホームゲームであれば9回裏があるぶん、少しは余裕がある。しかし、ビジターでのツーアウト三塁はいやでいやでしようがなく、「(打球が)飛んでくるな」と祈ったものです。

同じランナー三塁でもノーアウト、ワンアウトではそんなに緊張しません。前進守備を敷くからでファンブルしてもランナーは動かない。ところがツーアウトはふつうの守備位置で、バッターが打つと同時にランナーはスタートを切り、送球がそれるだけでサヨナラ負けになってしまいかねないからです。マウンドでは「俺のところに打たせろ」といっていますが、内心は「自分のところにだけは飛んでくるな」とびくびく。ピッチャーを励ましながら、自分も励ましているようなものです。

グラウンド状態といえばきれいに見える人工芝も、後楽園球場に導入されたころは大変でした。屋外球場だから少しでも雨が降ればボールが加速して、捕れると思った球が取れない。それに結構、イレギュラーしたのです。当時は人工芝の敷きつめ方が雑で継ぎ目が離れていたり、ベースの周りは土で人工芝と段差がありました。継ぎ目や段差にボールが行けばイレギュラーするのは珍しくなかったからです。今の人工芝はそれらはすべて解消されていますが、導入当時は選手泣かせだったのです。

打席の立ち位置の工夫で160キロは攻略できる

観戦していて歯がゆくなるのが、同じピッチャーに同じように抑えられるバッターが多すぎることです。インコースが決め球ならベース寄りに立ってインコースに投げにくくする、160キロの速球派ならセーフティーバントで走らせて疲れさせるとか持ち味を殺す方法はあります。それができないならインコースは全部、見送るとか、

160キロには手を出さないかバットを短く持ってみるとかすればいいのです。要はバッティングの工夫をすることです。

それにピッチャーは自信のある球ばかり投げていては組み立てが単調になりますから、カウントを整える球も投げてきます。それを狙う手もあり、例を挙げれば阪神の藤川球児《ふじかわきゅうじ》。どの球団もフォークとストレートにきりきり舞いさせられているのは、どちらにも手を出すからです。ストレート1本に狙いを絞れば出塁できる確率は高くなり、現実に藤川を攻略しているケースはそれがほとんどです。

何度も繰り返すようですが、好投手でも自信のある球を痛打されると打ったバッターを覚えているものです。心理的なダメージは簡単にはぬぐえません。「また打たれはしないか。いや、もう打たれるはずがない」と逡巡《しゅんじゅん》してくれるようなら、シメたもの。ウイニングショットが甘く入り、また痛打。ピッチャーvsバッターは、いつも〝心理戦〟を演じているのです。

ここ一番で盗塁を決める男の塁間の攻防

足が速いだけで盗塁王になれるわけではありません。速いうえにベースからできるだけリードを取る、スタートのタイミングが合う、そしてスライディングがうまくい く——ここまではランナーに要求されることですが、さらにピッチャーのモーションと球種、キャッチャーの送球まで計算しなければなりません。

一塁から二塁への盗塁をごくシンプルに表現すれば、ピッチャーが投げてキャッチャーが二塁に送球し終えるまでの時間との競争になります。一塁にランナーがいるとピッチャーはセットポジションからの投球になり、ミットに収まるまでが0・8秒から1秒。そしてキャッチャーが送球動作に入って二塁にボールが届くまでが1・8秒から2秒。守備走塁コーチのころにストップウォッチで計測したことがあり、平均は0・9秒プラス1・9秒で2・8秒。この2・8秒という時間は実に微妙で、ランナーが二塁に達するまでの時間とほぼ一致します。セーフかアウトか、二塁塁上できわどいクロスプレーが生まれる理由でもあるのです。

ランナーなら速いスタートを切れること、ピッチャーは素早いモーションで投げることを前提として、盗塁の成否のカギを握るのはキャッチャーの送球速度です。キャッチャーを評価する基準の1つに盗塁を阻止する数字、捕殺率が取り上げられるのはそのせいで、肩が強くフットワークのいいことが条件になります。二塁に送球するまでの1・8秒と2秒の差は0・2秒。ランナーは0・1秒でおよそ80センチは走り、0・2秒なら1・6メートル。塁間は27メートル43センチ。80センチでもランナーに有利になり、1・6メートルなら心理的にも余裕が生まれます。

盗塁の練習はスタートダッシュが中心になります。反射神経を鍛えるためで、それもただダッシュさせるだけでは効果は期待薄。コーチか選手がベースのそばで手を叩くと同時にダッシュする練習です。アシスト役がいない1人のときでも練習はできます。スタートの構えで視界に入る、できれば不規則に動く物を目標に、その動きを合図にダッシュするのです。巧くなりたいという意欲があれば状況に応じて練習はできます。盗塁はまず反射神経を鍛えることが基本、アマチュアでも数多く繰り返すうちに必ず向上します。

V9時代、日本シリーズで何度も戦った阪急（現オリックス）は福本豊《ふくもとゆたか》が不動のトップバッターでした。1シーズン106盗塁したことがあり、当時の盗塁世界記録保持者です。

確かに俊足ではあったのですが、それ以上にピッチャーの癖を見抜くのが巧みでスタートダッシュが並はずれていました。自分の持ち味をアピールしようと努力した結果でもあったわけです。

盗塁王は狙って取れる

シーズンインすると、一軍は試合前の2、3時間しか練習できなくなります。盗塁を狙いたい選手は練習するスペースを探すことさえ難しいが、ちょっとしたアイデアで可能になります。2か所でやるフリーバッティングで投げる打撃投手の投球に合わせて練習するのです。打球をさえぎるネットが置かれていて集中できるメリットもあり、右腕なら左足、左腕なら右足の動きに合わせてスタートを切ればいい。実戦的でもあり、今もやっているはずです。

実戦で盗塁を試みるには、打席に入っているバッターとピッチャーの対戦データを頭に入れておかなければなりません。足の速いランナーには盗塁を警戒してストレート、それもアウトコースが多くなるが、バッターしだいで配球が変わります。ストレートに強い小笠原道大には変化球が多くなります。ランナーがいるからといって投球の組み立てを極端に変えられないからです。

スコアラーが付けている対戦データを読めば、どのカウントで変化球がくるか予想できます。配球は確率の問題、次はカーブの確率が高いとわかっていれば走る用意をしておけます。カーブはストレートに比べて球速が0・1秒以上遅く、80センチは稼げます。このアドバンテージは大きく、盗塁成功の確率は高くなります。

しかしスタートが巧く切れても、ベースに滑り込むスライディングに失敗すればタッチアウトされてしまいます。スライディングは高度なテクニックが要求されます。理想的なのはスピードを落とさず滑り込むことですが、大まかにいってベースのどのくらい手前から、下半身のどこで滑るかがセーフとアウトの境目になります。

ベースの手前、1メートル半から滑り込むのがふつうですが減速するぶんアウトになりやすく、1メートルに縮められればよりスピードを持続できるからセーフになる確率が増すのはわかるでしょう。そして、膝を滑らすか、尻で滑るか。膝からなら入りすぎに注意すればスピードを落とさず足の先はベースに届きますが、尻からだと足が上がりスピードも落ちてしまいます。あのミスター長嶋のスライディングは尻でいく、股を大きく開いたオープンスライディングでした。見た目の格好が実によくミスターらしい、これぞプロ野球のプレーでも、守る野手は「待ってました！」。

見た目はダイナミックでも、まずセーフにはなりませんでした。塁審の手が高々と上がり、「アウト！」をコールされても拍手が起こったのは、ミスタープロ野球の絵になるプレーだったからです。

盗塁の巧さで忘れられないのが、赤い手袋がトレードマークだった柴田さんと青い手袋をはめて青い稲妻と呼ばれた松本匡史《まつもとただし》。とくに松本は私がコーチとして教えた選手の1人です。1979年秋、〝地獄の伊東《いとう》キャンプ〟でスイッチヒッターに転向したのをきっかけに、柴田さんに続いて盗塁王になっています。2人に共通するのはスライディングしてもスピードが落ちないことでした。

今の巨人で柴田さんと松本の跡を継ぐ候補は藤村大介《ふじむらだいすけ》でしょうが、追いつくにはまだまだ時間がかかるでしょう。盗塁のテクニックは磨けばどうにかなりますが、その前に塁に出ること、バッティングに課題が多すぎるからです。打率が2割2、3分ではいつ二軍に落とされても不思議ではないのは本人もわかっているはずです。定位置を奪えないのもそのせいです。

松本も打てなかったので何とか出塁率を上げようと、私と取り組んだのがゴロを打つことでした。当時の後楽園球場は人工芝になっていて、ゴロはよく跳ねました。「お前の速い足を生かすために、とにかくゴロを打て。後楽園の人工芝はバットを上からたたきつけるようにすればバウンドが高くなる。巧く行けば全部、一塁セーフになるぞ」とはっぱをかけて、練習させました。

自分の持ち味を生かすにはどんなバッティングをすればいいか考えることがプラスになったのか、外野に飛ばせる技術も身に付き3割バッターにまで成長しました。松本はプロ野球選手にしては細身な体でしたが、練習するにつれて意識せずに遠くに飛ばす技術を自分のものにしたのです。

藤村に松本はまさにお手本ですが、ゴロだけを打てとはいいません。早いカウントでセーフティーバントを狙えばサードを前に出させることになり、ファーストも前進守備を敷くしかなくなります。「やるぞ、やるぞ」と匂わせるだけで、ヒットゾーンはグーンと広くなります。それには私なら、バットも替えさせる。ちょっと太めのものにして短く持ち、ポイントも近くしてバットを出す。それだけで内野の間を抜ける打球が増えるはずです。コーチがヒントを与えていると思いますが、藤村の最優先課題はどんなことをしてでも塁に出るバッティングを身に付けることです。

ここ一番に強いチームリーダーの存在

「上田のところは、いつも選手を引っ張るリーダーがいるから強いんだよな。うちは4番もエースも自分の数字しか考えていないから勝てるはずがないんだ」

これは私がスカウトだったころ、気心の知れた他球団のスカウトからいわれたことです。確かにV9のONに始まり、原辰徳《たつのり》、松井秀喜《ひでき》と巨人には必ずリーダーがいました。あれこれと言わない、背中でナインを引っ張るタイプがほとんどでした。

今なら、阿部慎之助《しんのすけ》と内海哲也《てつや》です。2人はキャプテンと選手会会長を買って出ているようにリーダーであることを自覚していますが、ナインの引っ張り方は対照的といっていいでしょう。阿部は自主トレで毎年のように若手を誘いマスコミにはリップサービスするように開放的な性格ですが、内海はどちらかといえばおとなしいのです。

ただし、満身創痍の阿部はバッティングで手本を示し、内海は先頭に立って走り込みをしています。「2人があんなに練習しているのだから、俺たちはもっとやらなければ」と若手選手は刺激を受けないはずがありません。シーズン中盤になって宮國《みやぐに》椋丞《りょうすけ》ら新戦力が育ったのも、2人の存在があってこそです。

すでに最多勝の勲章がある内海に比べて、球界関係者の誰もがタイトルは取れると太鼓判を押す阿部は無冠。サヨナラヒットにサヨナラホームランを打って「ここ一番」に強いところを証明、お立ち台のヒーローインタビューでは「最高です！」と言ってはいても、心中は「タイトルを取れば最高です！」と叫びたいはずです。そのあたりを十分わかっている原監督は、シーズン中、よく一塁を守らせていました。キャッチャーの後釜を育てる意味もあったからです。

2章 ここ一番でビビらないピッチャーの条件

ピンチで集まりピッチャーにかけている言葉の意外な内容

ピンチを迎えて内野手がマウンドに集まると、どんな会話をしているのか聞いてみたくなります。たとえば満塁で1点もやれない緊迫したシーン。テレビ画面には若手ピッチャーの青ざめた表情が映し出されています。一呼吸おいて誰かがタイムを取ったのか、内野手がマウンドに集まってきます。ベテランの三塁手がピッチャーに何か話したのをきっかけに、二塁手が肩をポンと叩くとピッチャーはうなずき、野手はそれぞれのポジションに戻っていきます。ひいきの球団なら、胸が締め付けられるようなシーンでしょうが、実はたいしたことは話していないのです。

V9時代のころですが、「絶対、打たれるな」なんて間違ってもいいませんでした。野手は「お前、あんなバッターにどうしてビビってるんだ」「どこに投げたって、打たれっこないって」みたいにいい、長嶋さんは「そんなに苦労するなよ、真ん中に投げなさい」と気楽に話しかける。テレビ中継されていますから笑顔こそ見せないものの、緊張感のかけらもないのです。ピッチャーのプレッシャーを少しでも取り除いてやりたいからですが、私は「それより試合が終わったらどこに行こうか」というときもありました。

ピッチャーを励ますというよりリラックスさせようとしているからで、野手がよくいうのが、「バッターばっかり集中するな。（外野のほうを向いて）ほら、後ろを見てみろ。みんなが守っているから、安心しろ」。ピンチではないときでもピッチャーが後ろを振り向くことがありますが、あれはピッチャーが落ち着いているから。「打球が飛んでも、捕ってくれる仲間がいる」と思うだけで、肩の力が抜けてナイスピッチングにつながるのです。

ただし、監督やコーチが行くと話の内容は変わります。ピッチングコーチなら技術的なこと、その日の投球内容を指摘することが多い。「いつもならストレートがコースにビシッと決まるのに、今日はスライダーが多いな」といって、「そんなことはないです」と反論するようなら、「それならこのバッター、真っすぐ3本、行ってみろ」と強気の投球を勧めます。

ベンチはスライダーで逃げの投球をしていると判断していたからで、コーチは暗に自分の球に自信を持てと励ましているのです。立場が違えばアメばかりではなく、少しはムチも振るうのです。藤田監督はマウンドに野手が集まっているところに来ると、「いいよ、打たれても。命までは取られはせん。真ん中へ行け、真ん中」。それだけいうと、さっさとベンチに戻ったものでした。

ピンチの場面はランナーやアウトカウントまで想定した全体練習で繰り返しやっていても、練習と実戦は違います。実戦では野手も緊張しますが、ピッチャーのプレッシャーはそれ以上。体は萎縮して、いつもどおりの動きができなくなるものです。「打てるものなら、打ってみろ」とばかりに強気な投球で知られるピッチャーでも、「ここに投げたら、打たれるかもしれない」と弱気になる。「打ってみろ」と「打たれるかも」では180度の違いがあるのです。

ピンチはそれこそ「ここ一番」であり、そこで力を発揮できると自信になります。ピッチャーが緊張すれば、その空気は野手にも伝わらないわけがありません。だから百戦錬磨のベテラン三塁手はタイムを要求したのです。そしてマウンド付近での、ごく当たり前のひと言は「ここ一番」だからこそ、効果がある。ピッチャーを落ち着かせリラックスさせる野手は優れたメンタルトレーナーの役割を託されているわけです。

それでも打たれてしまったら、どうするのかって？　次の打席か、その次の打席で抑えればいいのです。

ダルビッシュにあって松坂にないもの

私がスカウトになった1996年、神宮球場で東都大学リーグのOBと現役の試合を視察したときのことです。巨人がドラフトの有力候補にリストアップしていた青山学院大学の井口資仁《いぐちただひと》を視察するのが主な目的でしたが、その試合で驚かされたのは日大OB、オリックスの佐藤義則《さとうよしのり》（阪急、現楽天一軍投手コーチ）の投球でした。バッターが大学生だったとはいえ振り遅れるか、バットに当てても詰まった打球しか飛ばないのです。当時の佐藤はすでに42、43歳、ストレートは130キロ程度しか出ていなかったはずなのにです。

試合後、佐藤と対戦した大学生数人に聞いてみると口をそろえて、「（自分のポイントで）捕らえたと思ったのに、振り遅れてしまって……」と首をかしげる。150キロのストレートでもキレがなければ自分のポイントで打てますが、遅い球でもキレがあると振り遅れるか、バットを当てても詰まってしまうのです。ポイントで捕らえるというのは、野球特有の表現というしかなく、大学生はポイントより中に入られてしまったわけです。佐藤のように球速はそれほどでもないのに活躍するピッチャーは、球にキレがあるからなのです。佐藤がマウンドに立っている間は、この日の目的を忘れたほどでした。

球のキレで対照的なのがメジャーリーグ入りした松坂大輔《まつざかだいすけ》とダルビッシュ有《ゆう》です。2人とも150キロを誇る速球派ピッチャーですが、松坂は日本で防御率1点台を記録したことはありません。それに比べてダルビッシュは、5年連続1点台をマークしてメジャーリーグ入りしています。松坂の150キロはバッターには140キロ台、ダルビッシュはそれ以上に感じるからで、この違いこそ球のキレなのです。

ダルビッシュは、速球だけではなく多彩な変化球も投げ分けられます。とくにメジャーでも通用すると評価されているのがスライダー。並のピッチャーのスライダーはカーブに近いが、ダルビッシュのそれは文字通りスライド、横に平行に動くのです。

メジャー1年目から予想通りに働き、球場全体を包む「ユ〜〜」（名前の有から）コールに、ダルビッシュは奮い立っているはずです。

ソフトバンクからオリオールズ入りした和田毅《わだつよし》は、ひじを故障して手術することになりメジャーデビューは来シーズン以降に持ち越しになりましたが、活躍できるかどうかは使われ方しだいでしょう。和田の一番の持ち味はボールの持ちが長いこと。バッターにはボールの出どころが見えにくいことをさすのですが、メジャーで結果を残せるかとなると疑問符が付きます。同じ左腕の高橋尚成《たかはしひさのり》（パイレーツ）が右バッターに有効なチェンジアップぎみに落ちるシンカーがあるのに、和田にはそれがないからです。ただし、故障で出遅れたことが、環境に慣れる期間と考えればプラスになるかもしれません。

野手ではヤクルトの青木宣親《あおきのりちか》がブルワーズ、川崎宗則《かわさきむねのり》がマリナーズに入団しています。メジャーのGMがチーム作りで重視するのが、足の速い1番バッター。ヒットかフォアボールで出塁して盗塁すれば、二塁打と同じになると考えるからです。青木も川崎もそれを実現できる能力の持ち主です。出場機会は限られそうで厳しい立場ですが、自分をどこまでアピールできるかでしょう。

メジャー入りした日本人野手の致命的な弱点

ファンと話をする機会があると必ずといっていいほど聞かれるのが、「メジャーリーグに入団した日本人野手は松井とイチロー以外、どうして活躍できないのか」という質問です。巨人に入団して間もなく、マイナーに野球留学した経験からの推測ですが、「メジャーのパワーとスピードに対応できるかどうかでしょう」と答えるしかありません。

楽天の松井稼頭央《まついかずお》と岩村明憲《いわむらあきのり》、ホワイトソックスから戦力外通告された福留孝介《ふくどめこうすけ》で説明すると、3人に共通するのはメジャーリーグに行くまでの日本では本塁打を30本打つスラッガーだったこと。それがメジャーリーグでは多くて15、16本。ほとんどのシーズンはひとケタ台に終わっています。日本で残した実績からは考えられないことですが、メジャーは日本のようにどっしり構えてフルスイングをさせてもらえないからです。

並のピッチャーでも150キロ台のストレートを投げ、投球間隔が短く、遊び球はまず投げません。つまり日本のようにバッターボックスで考える暇などあるはずがなく、極端にいえば当てるだけで精いっぱい。イチローと松井秀喜はメジャーのテンポに合わせる能力があったからこそ、活躍できたのです。

試合日程にも大きな差があります。15、16連戦は当たり前、引き分けはなく日をまたいでも決着がつくまで戦い、終了するとすぐに次の対戦地へ——日本なら移動日があり一息つけますが、それは望むべくもないことなのです。イチローと松井秀喜は1年目から活躍できたのが自信になり、プレースタイルを変えずに済んだのが大きかったでしょう。もちろん体力があり、精神的にもタフだからです。日本人であるだけでマークされるのに、それを克服したからこそ実力を認めさせることができたのです。

五輪種目に採用された時期もあるほど野球が世界に普及した今も、メジャーのナンバー1決定戦を〝ワールドシリーズ〟と称してはばからないのは、野球の発祥の地であるばかりでなくどんな分野でも世界一でないと気が済まないアメリカ人の国民性が反映されています。第1回、第2回と日本が2連覇しているWBCがワールド・ベースボール・クラシックという、どことなく半端な呼称なのもそのせいでしょう。2013年春には第3回大会が開かれますが、たとえ日本が3連覇を果たしたとしても〝世界一〟はワールドシリーズの覇者なのです。

メジャー契約とマイナー契約の違い

日本人選手がメジャーリーグ球団と正式契約すると、マスコミは「メジャー契約で入団」と報道することがあります。年俸をアメリカ人選手と比較、定位置が約束されたかのように書いたりしますが、メジャーリーグはそんなに甘くはない。公式戦に出場しても結果を出せないと、その後はベンチ入りさえできないこともあります。

ただし、メジャー契約と書かれる選手の根拠はあります。1球団40人しかいない「ロースター枠」という制度があり、契約条項に「ロースター枠からスタートさせる」と明記されている選手です。ベンチ枠の25人はこのロースター枠からしか選ばれず、日本流にいえばベンチに入れなくても、ロースター枠の1人であれば〝一軍選手〟になるからです。逆にいえば、ロースター枠が保証されていない選手はすべてマイナー契約になります。メジャー契約との違いはそれだけともいえるわけです。

メジャーリーグと比較すれば、日本はじつにおおらかです。1球団70人の支配下登録選手であれば、一軍と二軍の壁はないに等しい。一軍の公式戦に出場できるのは「一軍枠」の25人だけですが、その入れ替えは簡単で短い公示期間が過ぎるのを待つだけです。シーズン中、スポーツ紙に毎日のように掲載される「登録選手」と「登録抹消選手」に注意していればわかります。

マイナー契約の選手でも上でやれると認められれば、ロースター選手になれます。しかし、そのためにはロースターの1人をトレードで出すか解雇して〝空き枠〟を作らなければならない。メジャーリーグの厳しさで、ちょっとした条件はあるものの育成選手でも支配下登録されれば一軍の試合に出場できる日本とは大きな違いです。

がっくりとうなだれるマック鈴木

レッドソックスの田沢純一《たざわじゅんいち》投手のように、日本のプロ野球の経験なしにメジャーリーグ入りした初めての選手はマック鈴木です。田沢はメジャー契約、鈴木はトライアウト（入団テスト）を経てマイナー契約でマリナーズに入団しています。苦労しただけに、メジャー昇格を果たしたときは話題になったものです。その鈴木に初めて会ったのは私がスカウト1年目だった１９９６年、アメリカ球界の視察を兼ねて渡米した際でした。

フロリダに10日間滞在したあと、フロリダほどではないにしても、やはりメジャーリーグのキャンプ地が多いアリゾナ州フェニックスに移動することになりました。フェニックスに近いメサは、私が巨人に入団して間もない、まだ二軍で練習に明け暮れていた20歳のころに野球留学したところ。思い出に浸っていると同行してくれたリチャード瀬古《せこ》さんが車で30分で行ける「ビオリアまで足を延ばそう」と誘います。マリナーズとパドレスのキャンプ地があったからです。

リチャードの案内で着いたところがマリナーズのキャンプ地。２Ａのコーチに、その2年前、巨人で1年間だけプレーしたヘンリー・コトーがいて、「覚えているか」と挨拶《あいさつ》すると「イエス」。一気に打ち解けて話をすると、もうすぐ２Ａと３Ａの試合があるから観てくれとなり、その試合の３Ａの先発が鈴木でした。

グラウンドに入れてもらい、コーチといっしょに観戦することになりましたが鈴木の球は文句なしに速い。94～95マイル、150キロを超えるストレートもありました。いい素材だと見惚れていたのですが、コントロールがひどくストライクが入らない。初回は投げきったものの、2回途中で交代させられて……。リチャードを交えて話をしてみようとベンチに向かって歩いていくと、鈴木はベンチを通り過ぎて、そのまま消えて行きました。

急ぎ足でベンチ裏に行ってみると、椅子に座ってうなだれている鈴木の姿がありました。リチャードが「どうしたんだ」と聞くと、「明日から2Aに行けといわれました」と答えます。コーチがマウンドに行って交替を告げるとき鈴木に何か話していたのは、降格宣告だったのです。私が「いい球を投げていたのにな」と慰めても、「コントロールが悪すぎました」と自分の欠点はわかっていました。

メジャーリーグではメジャーに在籍していてもトレードを通告されれば、すぐにロッカールームの荷物をまとめて移籍先の新たなチームに行くのが常識です。マイナーを経験したことがある私の友人は、ロッカールームのホワイトボードに解雇と書かれているのを知り、球団事務所に行くと、日本に帰国するのに便利な西海岸まで行けるバスの片道のチケット代を渡されたといいます。おそらく鈴木も、その日のうちに移籍先に向かったはずです。メジャーリーグの厳しい現実を目の当たりにした1日でした。

鈴木がマリナーズに昇格したと知るのは、その年の7月。初めて会ったときから半年も経っていなかっただけに、びっくりしたのを覚えています。ただし、メジャーで初勝利を挙げるのはそれから2年後。２００１年には1年間で3球団を渡り歩いていますが、鈴木には慣れっこだったでしょう。２００３年にはオリックス入りして、球団合併も経験。その後はさらに台湾、南米でプレー。２０１１年には関西独立リーグで監督兼選手になりながら、その年のうちに退団しています。

野球で短い期間でもアメリカンドリームを果たした鈴木は、まだ30歳代。兵庫県出身で私とは同郷。またいつか会って、波乱万丈の野球人生の話を聞いてみたいものです。

まじめすぎたメジャーリーガー、デーブ・ジョンソン

メジャーリーグの話が出たのでひとつ旧友の話をしたいと思います。長嶋政権は、1年目から外国人選手を取っています。V9では純血主義を貫いていたのですが、戦力が弱体化していることは私も肌で感じていました。その穴を埋めようと獲得した1人が、メジャーリーグから移籍してきたデーブ・ジョンソンでした。

セカンドが本職でしたが、巨人での1年目はサード、ホットコーナーを任せられるほど期待されます。私はショートに入ることがありデーブの守備には「さすが大リーガーは違う」と感心させられたものですが、本人は慣れないポジションに悩んでいました。まじめな性格で、日本の野球になじめないのも手伝っていたのでしょう。

住まいは田園《でんえん》調布《ちょうふ》駅のすぐそば。後楽園で試合があるときは、帰りはいつも私のクルマで送っていました。試合で活躍できず落ち込んでいる帰り道には、「デーブ、イート、OK?」と食事に誘うこともありました。私の単語を並べるだけのブロークンな英語にデーブは、うれしそうに「OK!」。なじみの店の店主が用意する料理に舌鼓を打ち、身振り手振りで話をするうちに日本の野球を理解するようになり、2年

目にはセカンドに戻ったこともあってか、張本勲《はりもといさお》さんとともにセ・リーグ優勝に貢献しました。巨人で2年間プレーして、アメリカに戻ったデーブは指導者になり、メッツの監督としてワールドシリーズを制しています。

デーブと旧交を温めたのは私がコーチとして渡米した1996年3月。当時はオリオールズの監督でキャンプ地を訪れると、大歓迎してくれました。日本を去った後も毎年、クリスマスカードを送ってくれていましたが、顔を合わせるや同僚だったころの思い出話に花を咲かせたものです。

メジャーリーガーでもう1人、忘れられないのがロイド・モスビーです。藤田政権の1992年のシーズン途中に入団し、96試合で打率3割6厘、本塁打25本、71打点。優勝こそできなかったものの、一時は首位に立つ原動力と評価された外野手でした。

私は当時、育成監督で練習が午前中に終わった日に神奈川県座間《ざま》にある米軍基地にモスビーを連れて行ったことがあります。基地内の将校クラブに知り合いがいたからで、モスビーの顔を見ると方々から「モスビー！　モスビー！」と歓声が上がりました。それほど、アメリカでは有名な選手だったのです。キャンプ内にあるゴルフコースの支配人も私の知人で、モスビーは2ラウンドして上機嫌、「ウエダ、アリガトウ」と感謝されたものです。

今は各球団とも外国人選手への接し方に慣れただけではなく、日本のプロ野球に骨をうずめる覚悟で来日する選手も珍しくなくなりました。しかし、かつてはメジャーに在籍したことがあるだけで大物とされ、はれ物に触るように距離を置いた時期がありました。投球フォーム、打撃スタイルには一切、注文を付けず、会話は通訳を通してだけ。球団、首脳陣、そしてナインもどう接していいのか、わからなかったのです。しかし、すべてにオープンなアメリカでプレーしていたのがメジャーリーガー。その多くは話し好きで、身振り手振りでいいからコミュニケーションを取ってくれる日本人選手が現れるのを待っていたのです。

日本語しか話せない私が英語の単語を並べて声をかけると、みんな大喜びしてくれました。肌の色や言葉が違っても、同じ野球選手。ヒーローインタビューに登場した外国人選手が、日本語で話そうとする姿を見ると胸が熱くなるのは、少しでも日本に溶け込もうとしているからです。

重要なキャッチャーの役割

女房役といわれるキャッチャーの役割は重要です。ピッチャーの調子が悪くてもインサイドワークでカバーすれば、「おっ、今日の先発は乗ってるな」とチームメートも相手チームもだますことができます。それにはグラウンド外でも投手陣とコミュニケーションを取り、ピッチャー1人ひとりの性格を把握することが大事です。亭主であるピッチャーを立てる女房役——亭主関白と思わせて実権を握るようになれば、名捕手といえるでしょう。

巨人V9のあるとき、川上哲治《かわかみてつはる》監督が激怒しているところに出くわしたことがあります。ベンチに戻ってきたキャッチャーに、「何であんなところでカーブを投げさせるんだ。カーブに強いバッターにカーブを投げさせれば、打たれるのは当たり前じゃないか」と怒鳴ると、「いや、私は真っ直ぐを要求したんですけどサインに首を振り、カーブにうなずいたので投げさせました」と抗弁していました。ところがそのあとでピッチャーに聞いてみると、「冗談じゃない。俺はサイン通りに投げただけだ」とあきれていました。これでは、夫婦仲がぎくしゃくしているようなものです。

キャッチャーのサイン通りに投げたのにコントロールできずコースが甘くなって打たれたときは、「悪かったな。あんなサインを出して……」と責任を取るのがいい女房なのです。V9当時の森祇晶《もりまさあき》さんや野村克也《のむらかつや》さんとその弟子の古田敦也《ふるたあつや》が名捕手といわれるのは女房役に徹していたからです。

原巨人がV奪回できたのも、不動の正捕手である阿部慎之助の存在が大きい。プロ入りして12シーズン、ベテランの域に達しつつありますが、性格は温厚だけにピッチャーを差し置いて出しゃばるようなことはありません。少し心配なのはクリーンナップの1人として打撃面でも期待されている点です。

かつてキャッチャーはピッチャーをしっかりリードさえしていればよしとされ、打順は8番が定位置。打つほうは2割2、3分あれば十分で2割5分を超えれば打てるキャッチャーといわれたものでした。南海（現ソフトバンク）で3冠王になった野村さんは例外中の例外で、それほどキャッチャーはハードなポジションなのです。

キャッチャーの仕事でもっとも大事なのはピッチャー1人ひとりとコミュニケーションを取ることです。ピッチャーは〝俺が俺が〟の性格の持ち主が多いのは確かですが、わずかなことに動揺する繊細な面もあります。それらすべてを把握してコントロールできてこそ名捕手なのです。阿部の働きぶりは、すでに名捕手の仲間入りをしているといっていいでしょうが、実力があるからこそもっと多くのことを望みたくなるのです。

東野峻《とうのしゅん》に必要なマウンドでの開き直り

2011年の開幕投手に抜擢《ばってき》されながら先発ローテーションを外された時期があった東野峻。まだ25歳、原監督はエース候補として期待し開幕投手に起用したのですが、私には気にかかるところがあります。それはマウンド上で躍動感に欠けていて、痛打を浴びる直前に何度か「あ、打たれるんじゃないか」と直感したことがありました。投球前に、どこかおどおどしていたからです。

日本ハムに在籍していたころのダルビッシュ有、楽天の田中将大《たなかまさひろ》と比較すればわかりやすいでしょう。2人は調子が悪いときでも堂々としていて、三振を取ろうものならこぶしを握り締めてガッツポーズ、雄叫びまで上げていました。今日こそは攻略してやろうと思っていた相手に、「打てるものなら打ってみろ」と挑発しているともいえますが、なにより自分に活を入れているわけです。そのうちに調子を戻してしまうのですから、見事なセルフコントロール術といえます。

東野に欠けているのが、この気合いです。投球が狙ったコースに行かなかったとしてもストライクなら「どうだ、打てるか」と、それこそバッターをにらみつける。投げ終わった後は、たとえボールでも体が跳び上がるぐらい躍動感を表わす。アグレッシブな姿勢であり、気持ちの入った球といわれたりする1球です。

すでに実績を残しているピッチャー、バッターには東野が好投していたころのイメージがあるもので、1球でも力のある球を見せれば「やっぱりな」と警戒します。自信のある一球が狙ったコースに決まって三振に斬って取ったとき、マウンド上でガッツポーズ。気持ちさえ強く持てるようになれば、東野は復活するはずです。

澤村拓一《さわむらひろかず》と山口鉄也《やまぐちてつや》に必要なピッチングの〝遊び〟

1球1球、気持ちを込めて全力投球するのが理想のピッチングとはいえません。バッターボックスに立っているのもプロのバッター。150キロを超えるストレートでも何球か体感するうちにスピードに慣れ、その打席は空振り三振に打ち取られたとしても、次の打席でそのストレートを狙い打ちするのはよくあること。速球派でも1種類か2種類は変化球を持っているのは、速さだけでは攻略されてしまうからです。

対照的にスピードはないのに、あれよあれよという間に完投どころか完封してしまうピッチャーがいます。共通するのは緩急をつける巧さ。それこそ絶妙の投球術で、その1番手が阪急（現オリックス）で2ケタ勝利を11年間続けた星野伸之《ほしののぶゆき》（現オリックス一軍投手コーチ）です。直球は125キロ前後、変化球はカーブだけで90キロか100キロ、球種はその2種類しかありません。球速だけみたら高校生にもざらにいるピッチャーですが、星野は直球と変化球の30キロ前後のスピードの差を生かした、のらりくらりとした投法で強打者をきりきり舞いさせたのです。

変化球は速球より遅いのがふつうでバッターのタイミングを崩す効果があり、次にストレートが来れば球速より速く感じるのです。一種の錯覚なのですが、いつも速球に振り遅れないように練習していますから、ジャストミートしたつもりでもポイントがずれる。「こんな球、次は打てる」とタカをくっているうちに、術中にはまってしまうのです。

緩い球を投げるには勇気がいるのですが、星野は顔色ひとつ変えず投げていました。これは投球術の遊びであり、余裕ともいえます。どの球団の投手コーチも変化球の効用を教えているはずですが、素直に受け入れるかどうかはピッチャーしだい。投球術も持って生まれた天性のものなのです。

巨人の投手陣で、星野と対照的なのが山口鉄也。１４０キロを超えるストレートは全力でコースいっぱいを狙い、カーブはこれもキレのいい球を投げようとします。いつも全力投球しているのは伝わってきますが、だからといってバッターを抑えられるわけではありません。アメリカのマイナーリーグを経て育成枠で巨人入りして一軍に這い上がり、新人王を取った苦労人。力が入るのはわかりますが、ここ数年続いていた足踏み状態から脱出するには、星野に近い投球術を身に付けるべきではないか、速球も変化球もそのままでいい、せめて投球のテンポを変えればと思っていたのです。しかし、山口は私の危惧《きぐ》などあざ笑うかのように成長しました。クローザー（抑え投手）につなぐ不動のセットアッパーとして活躍するだけではなく、クローザーを任せられることもあるほどです。登板過多が心配ですが、若手が育ってきている投手陣。負担が軽くなる日も近いでしょう。

昨年の新人王、澤村拓一にも同じことがいえます。1年目の昨シーズンは期待に応えようと目いっぱいの投球をしていました。直球は最速155キロを計測したのに1点か2点のビハインドで降板させられることが多かったのは打線の援護がない不運もありましたが、ベンチは疲れが出てきたと判断したからです。

澤村は「もっと投げられるのに……」と不満だったはずですが5回、6回を完了すれば、先発の役割は果たしています。新人とはいえ立派にローテーションを守ったピッチャーに、次の登板を考えれば無理はさせられません。原監督は勝ち星を付けてやりたいのはやまやまでも、疲労を蓄積させずにプロの水に慣れさせようとしたのでしょう。

澤村に幸いしたのは、逆説的ですがノックアウトされる前にマウンドを降ろされたことです。シーズン前半で完投勝利した成功体験があり負け数が先行しているときでも、「自分のピッチングはできた」満足感があったはずです。

このあたりはゴルフに似ています。出だしの何ホールかをパーで回り、その間にバーディを取ったりすると後半に調子が出てくるものです。新人はいいスタートを切っても後半にバテるのがふつうなのにシーズンが終わってみれば11勝11敗だったのは、澤村に体力がありタフな精神力の持ち主だったからですが、原監督が大事に使ったことも大きかったと思います。

仮定の話ですが、澤村がパ・リーグで投げていれば14、15勝は上げていたはずです。指名打者制では投手は打席には立たないため、6、7回で1点ビハインドのケースでは、セ・リーグではピッチャーに打席が回ってきたら、代打が出るのが普通です。一方、パ・リーグでは変える必要がないので、続投させるのが大半。その後、逆点でもしようものなら勝利投手になれる……。ルールの違いで成績も変わるのがプロ野球のおもしろさでもあるのです。

２０１２年のシーズンに入ってみると、山口と澤村は私の心配が余計なお世話だったように成長していました。山口に好影響を与えたのは、ソフトバンクからＦＡ移籍してきた同じ左腕の杉内俊哉《すぎうちとしや》でした。緩い変化球が効果的であるだけではなく、少々カウントが悪くなってもあわてない投球術を教わったのです。澤村も結婚による自覚に加えて、先発陣の層が厚くなって余裕が出てきました。計算できるピッチャーが１人増えるだけでチームが変わるものなのです。

カウント０―２からの有効な１球

主審のカウントのコールの仕方が変わりました。ボールが先にコールされるようになり、ストライクが２球先行すると２―０ではなく０―２です。メジャー流になったわけですが、０―２からのピッチングにはまだ違いがあります。

メジャーは３球勝負が基本、日本は１球明らかにボールとわかる球を投げさせるのがセオリーだからです。捨て球の一種で、それも判で押したようにアウトコースに大きく外れるストレートです。私には、これがいつも疑問でした。ピッチャーとバッターが暗黙のうちに〝1回休み〟をしているようなもので、むだ球に等しい。私が投手コーチの立場なら、その1球をもっと有効に使うようにアドバイスしていたと思います。

それまでの配球にもよりますが、外すにしてもたとえばスローカーブはどうでしょう。「びっくりしたな、こんな球を投げてくるなんて。甘く入ってたら、どうするんだ」とバッターに思わせれば、それこそ思う壺。次も変化球なのか、それともストレートで勝負してくるか悩ませるだけでピッチャーに有利になり、投球の組み立てに幅が出ます。いつもいつもとはいいませんが、3球勝負と意表を突く遊び球はプロ野球をもっとおもしろくしてくれるはずです。

ただ、うれしいことに日本でも3球勝負するピッチャーが増えてきています。ソフトバンクから巨人にFAで移籍してきた杉内俊哉がそうで、0―2からためらいなくストライクを狙います。それが杉内の投球スタイルなのでしょうが、小気味いいくらいに勝負してきます。ノーヒットノーランを達成できたのは、この攻撃的な投球術があったからこそでしょう。

新変化球で成長した西村健太朗《にしむらけんたろう》と内海哲也《うつみてつや》

今年の巨人の投手陣では、西村健太朗がかつての西本聖《にしもとたかし》に似ています。アウトコース一辺倒だった右腕が11年に7勝をマークし、故障した久保裕也《くぼゆうや》に代わってクローザーの大役を務められるようになったのはシュートを覚えたからです。バッターに「このピッチャー、シュートがあったな」と思わせるだけでも心理的に動揺させる効果があり、アウトコースは遠くに感じて狙い球が絞りにくくなるからです。西本に比べると感情を表に出すタイプではありませんが、それだけにかえって配球が読みにくくなるメリットもあります。

ピッチングコーチが担当のピッチャーを指導するとき、最初に考えるのはそのピッチャーの持ち味。150キロオーバーのストレートがあれば、そんなに変化球は必要ではありません。フォークとスライダーでもあれば、十分バッターを抑えられるからです。スピードがないとコーナー、コーナーに球を散らすとか苦労しますが、速球はそれだけで武器になります。速球に満足しないで10種類近い変化球を投げ分けたダルビッシュは特別な例なのです。

球種を増やすということでは、左腕の内海哲也も印象に残っています。私がスカウトとして最後に取った選手で、高橋一三《たかはしかずみ》ピッチングコーチ（現山梨学院大監督）に預ける際、「内海の球種を1つでいいから増やしてやってくれ」と頼みました。高校はストレートとカーブだけで通用しましたが、プロではそうはいかない。内海と同じサウスポーだった高橋が得意球にしていたシンカーが私の頭にあり、そのシンカーか、それがだめならフォークを自分のものにしてほしかった。11年シーズンに最多勝のタイトルを獲得できたのは、シンカーに磨きがかかったからこそ。巨人の日本一奪還なるかどうかは、投手陣の大黒柱に成長した内海の活躍いかんでしょう。

先発、中継ぎ、クローザーそれぞれの準備の違い

150キロを超えるストレートと3、4種類の変化球が投げられるチームの主戦投手でも、百戦百勝できるわけではありません。口に出すはずはありませんが休養は十分取ったのに体調が何となくすぐれなかったり、「今日は打たれるかもしれない」といやな予感がする日もあります。高校までピッチャーだった私だからわかることです

が、ピッチャーには繊細な神経の持ち主が少なくないからです。

登板日は他の選手より早めに練習を切り上げてトレーナーにマッサージをしてもらい、試合開始30分ぐらい前からウォーミングアップするのがふつうのパターンです。完投しても試合途中で降板させられても、登板間隔の中5日あるいは中6日が守られるのは、それだけ負担がかかるからです。監督やコーチが「きちんと準備して試合に臨んでくれ」というのは、そのピッチャーに試合を託すからです。ピンチを迎えると内野手がマウンドに集まって、「俺たちが守っているから、安心して投げろ」と励ますのも、信頼しているからです。たとえ痛打を浴びても誰も責めたりはしません。

ピッチャーは球の速さや変化球の多彩さも必要ですが、それと同じくらい精神力の強さや気持ちを切り替える能力も要求されます。投球練習しているとき、ピッチングコーチが横に立って、「いいぞ、その球なら王さんだって打てなかったぞ」と褒めたりするのは、自信を持たせるためです。また、キャッチャーがミットの詰め物をすべて取るか少なくして、手が痛くなるのを我慢して捕球音をとどろかせるのは、「おっ、今日の俺はいい球が行っているな」と思い込ませたいからです。コーチやキャッチャーがその気にさせようとしているとわかっているので、「よーし、抑えてやるぞ」と気合が入るものなのです。

先発と対照的に毎試合、ベンチ入りするのが中継ぎとクローザー。どちらもブルペンで待機することになり、試合状況に応じて何度も肩を作りますから、タフでなければ1シーズン乗り切ることはできません。中継ぎは2、3回投げるロングリリーフ役からバッター1人で交代するワンポイントリリーフまで役割の違いがあり、試合状況に応じてブルペンコーチが準備させます。先発の調子が悪く、早い回に中継ぎに出番が回ってきたりするとブルペンは大忙しになります。また、どんなに大差がついても、屋外球場は大雨でも降らないかぎりコールドゲームにはならないのがプロ野球、ピッチャーは7、8人ベンチ入りさせなければならないのです。

クローザーが体を動かすのは6、7回になってから。ストレッチから始めて軽くキャッチボールをし、イニングが8回に入るといつでもマウンドに行けるように仕上げます。クローザーの出番は1、2点リードの局面がほとんどです。チームに勝利をもたらすのが仕事で、先発より精神的にはタフでなければなりません。だから守護神ともいわれるのです。完投が少なくなった現代野球では欠かせない存在であり、優勝争いを演じるチームには絶対的な守護神がいるものです。

ちなみに、1つの球団にはピッチングコーチが2人はいて、1人はベンチ、もう1人はブルペンで試合になると頻繁に電話で連絡を取り合います。ブルペンには試合を中継するモニターがあり、それを見て「そろそろ準備させようか」となるわけです。

エースナンバー18番にふさわしい杉内俊哉《すぎうちとしや》

昔から、エースナンバーといわれる18番。現球界では楽天・田中将大、広島・前田《まえだ》健太《けんた》、DeNA・三浦大輔《みうらだいすけ》ら、その球団の主戦投手ばかりです。巨人ではソフトバンクからFAで移籍してきた杉内俊哉がつけています。200勝投手の堀内恒夫《ほりうちつねお》らが背負った栄光の背番号ですが、移籍選手に与えられたのはそれだけ期待されたからです。そして、杉内はセ・パ交流戦の楽天戦でノーヒットノーランの快投を演じるなど、18番にふさわしい活躍ぶりです。

身長175センチと体は大きいとはいえませんが、鹿児島実業で投げていたころから「プロでも、すぐに通用するカーブ」と評判になっていました。社会人の三菱重工長崎を経てソフトバンクに入団したのは、両者は相思相愛でどこの球団も入り込む余地がなかったからでした。杉内の持ち味は、ボールのキレに加えてバッターの手元で伸びること。バッターが「ここだ！」と思っても、差し込まれてしまうのです。それが奪三振数の多さに表われています。杉内の加入が巨人の投手陣を刺激したのは間違いありません。リーグが変わると成績が半減するピッチャーもいますが、杉内とは無縁のこと。球界を代表する名左腕投手といえます。

フォームを変えて球威を増した阪神・能見篤史《のうみあつし》

ドラフト会議が近くなるとマスコミは有力候補をピックアップ、どの球団が1位指名するか予想します。対象になる選手の多くは甲子園で活躍したか、大学や社会人で好成績を残した好素材で、どの球団もスカウトが詳細に調査しています。ドラフトで複数球団が指名、くじ引きになるのはそれだけ有望な戦力と判断されたからです。

しかし、運よく当たりくじを引けなければスカウト活動は水の泡。チーム作りにも影響しかねметません。スカウトは、それほど注目されていない選手を調査することもよくあります。私がチーフスカウトだった2000年、大阪駐在スカウトの山下哲治（現巨人スカウト部長）から、「大阪ガスに、ちょっと見てもらいたいサウスポーがいる」と報告がありました。

早速、大阪に飛んで、この目で確かめてみたのが現阪神の投手陣の柱、能見篤史。社会人になって3年目、当時はスリークオーターぎみの投球スタイルで、左なのに左バッターにスコン、スコン打たれていました。拍子抜けした私は「この選手は（プロでは）無理だぞ」と山下にいって、この年の指名は見送りました。

それから2、3年間、能見の調査は続けていたのですが、成長の跡は見られない。社会人で23、24歳になると、球界入りは難しいのが常識です。ところが能見は25歳でオーバースローぎみに変えて一変、左打者を抑えられるようになります。オーバースローからサイドスローやスリークオーターに変えて成功したピッチャーは多いのですが、その逆は珍しいことです。オーバースローは野球独特の表現で〝縦に体を切る〟といいますが、能見にはそれが合っていたようで、全身の使い方、バランスがよくなって球にキレが出てきていたのです。

２００４年、能見は自由枠で阪神に入団します。巨人も候補に挙げていましたが、自由枠では手も足も出せませんでした。その能見が２０１１年の巨人戦は４勝１敗、３年間で11勝する巨人キラーになっています。巨人が数年間目を付けていたように阪神も注目し、おそらく他にも狙っていた球団があったはずです。スカウト合戦はそれほど熾烈《しれつ》で、出し抜くことなどまず不可能です。その上、当時採用されていた自由枠では……。もし私が山下の眼力を信じて１年でも早く指名していればと思うと、今でも悔いが残ります。

大器晩成の典型、オリックス後藤光尊《ごとうみつたか》

２００５年に、能見と同年齢の25歳でオリックスに入団した内野手、後藤光尊も成長力を見抜けなかった選手の１人でした。私の担当地域だった川崎製鉄千葉の内野手、社会人大会で活躍していたから注目はしていました。ところが、打撃、走塁、守備のどれをとっても平均点。１つでも抜けているところがあれば指名していたはずで

すが、それがなかった。社会人で通用しても、プロでは無理と判断したのでした。オリックスの指名順位が10位と下位だったのは、うまく育ってくれればもうけものと思ってでしょう。それが今ではオリックスの中軸打者になっています。

長い目で育てなければならないのは、能見や後藤のようにプロでやるには遅すぎる年齢になってから突然のように素質が開花する大器晩成型がいるからです。今は育成制度もあり、以前より球界の門戸は広くなりました。可能性があるから入団させるわけですが、いつ目が出るかはコーチでもわからない。二軍そして一軍とステップアップする日を信じて、練習させるしかないのです。

クローザーは外国人ピッチャーに不向きだったはずが……

日本のプロ野球界もメジャーリーグも、いつもピッチャーが不足しています。不足しているというよりピッチャーは何人いてもこれでいいとはならないからで、ドラフト会議で指名上位にピッチャーがずらりと並び、メジャーリーグが日本人ピッチャーの獲得に熱心なのもそのせいです。毎年のように各球団はメジャーリーグから多くのピッチャーを入団させますが、成功する選手は数えるほどです。球団数が日本の２倍以上あるアメリカで使ってもらえなかったのですから、そう簡単に日本で活躍できるはずがないのです。

成功するのは、先発タイプ。私が現役のころからそうで国民性もあるのでしょうが、指揮官が「試合を作ってくれ」といえば外国人ピッチャーはその気になるのです。５回か６回まで２点、打線の奮起しだいでは３点取られるまでは許されるのが先発ピッチャー。クレバーなピッチャーであれば計算して投げられます。

ただし、クローザーには向きません。スピードがあっても制球力に難があるピッチャーが多いからです。横浜（現ＤｅＮＡ）から巨人に移籍したマーク・クルーンがいい例です。横浜では大魔神・佐々木《ささき》主浩《かづひろ》以来の守護神となり、巨人でも１年目にセーブ王。２年目の２００９年は日本一に貢献しましたが、いい働きをしたのはこの年まで。１６０キロを超えるスピードがあっても制球難は直らず、巨人を去っています。クルーンが先発タイプだったら、もう何年か日本の球界に在籍していたのではないでしょうか。ところが私の見方が間違っていたのか、クローザーとして活躍する外国人ピッチャーが2012年シーズンは目立ちます。

11年はソフトバンクのブライアン・ファルケンボーグだけだったのに、ヤクルトのトニー・バーネット、広島のデニス・サファテが大役を見事に果たしています。日本でいい働きをしてメジャーに呼び戻される例も珍しくなくなったのが励みになっているのでしょうが、日本の野球が理解されるようになったからかもしれません。

巨人のスコット・マシソンもその1人。シーズン当初の中継ぎから西村とダブルストッパーとして使われるほど信頼されるようになりました。性格はまじめで、日本流の投げ込みも苦にしない。160キロを超える速球があるだけに、故障さえ治ればさらに化ける可能性があります。

クローザーに要求されるのは三振を取れる決め球、安定した制球力、そしてピンチに動じない精神力です。長年にわたってチームを支えてきた阪神の藤川球児と中日の岩瀬《いわせ》仁紀《ひとき》に衰えが見え始めています。その後継者を球団は考えているはずですが、成功例を目の当たりにしているだけに外国人クローザーがもっと増えるかもしれません。

努力の天才、西本聖《にしもとたかし》のシュート

私がコーチとして接した選手の中で、負けず嫌いな性格がプラスになったのが西本聖でした。昭和50年に入団、多摩川の自主トレに4万人のファンを集めてアイドルタレント並みの人気だったドラフト1位の定岡正二《さだおかしょうじ》と同期で、西本はドラフト外選手。定岡に「負けたくない」気持ちは強かったのですがストレートは140キロ程度、ほかにはカーブしか持ち球はなく、一軍デビューは定岡に先を越されました。

このままでは定岡を追い越すどころか一軍にも上がれないと西本が覚えたのがシュート。一軍でもシュートを投げられるピッチャーは数えるほどで、相当の野球通でもカミソリシュートと恐れられた大洋（現ＤｅＮＡ）の平松政次《ひらまつまさじ》と、打者の胸元をえぐるようにコントロールした西武の東尾修《ひがしおおさむ》ぐらいしか思い浮かばないのではないでしょうか。

サイドスローやアンダースローならシュートに近いシンカーを自然に投げられますが、オーバースローのピッチャーには投げにくく、きちんと習得しないとひじを痛めやすいのです。西本は生き残るために故障覚悟でシュートを覚え、決め球にしたのです。少しでもコントロールが狂えばバッターに当たり、甘く入れば長打を打たれかねない変化球ですが、西本はコントロールに自信があり、満塁でもウイニングショットにしていました。シュートを武器にするピッチャーは攻撃的な性格の持ち主といってよく、西本がまさにそうでした。

平松と東尾は200勝投手として名球会入りしています。200勝こそできなかったものの、西本の165勝はドラフト外で入団したピッチャーでは最多です。巨人から中日、オリックスと移籍した苦労人は、千葉ロッテの投手コーチとしてピンチに動じないピッチャーを育ててくれるのではないでしょうか。

ブルペンエースの明と暗

練習では素晴らしいピッチングをするのに、実戦になると能力の半分も発揮できないピッチャーはブルペンエースと揶揄されます。V9の終わりごろに一軍に上がってきた当時の新浦壽夫《にうらひさお》がその1人でした。川上監督も先発陣に加えてはいましたが、その素質を高く評価していたのが1975年に川上監督の後を引き継いだ長嶋監督でした。打たれても打たれても、また使う。それも先発だけではなく、中継ぎでも抑えでも登板させたのです。

新浦はものすごい汗っかきで夏はマウンド上で顔から、それこそ滝のように汗が流れるほどでした。指先も濡れるからコントロールがつくはずがなく、あるとき、杉下《すぎした》茂《しげる》ピッチングコーチが「新浦は清涼飲料水やビールを飲みすぎる」というと、長嶋監督は「やめさせてくれ。杉さん、これから新浦の家に行って説得してくれ」。

ナイターが終わったばかりでしたが、せっかちな長嶋監督に頼まれれば杉下コーチでも「今日でなくても……」とはいえるはずがなく、その夜のうちに新浦のところへ行ったといいます。野手なら走り込んで汗を出し切ることもできますが、調整程度のトレーニングしかしない日もあるのが先発ピッチャーです。中継ぎで使われることもあった新浦ですが、先発が決まればさすがに調整は本人任せになります。汗を少しでもかかなくしようと苦労したはずです。

それにしても、かわいそうだったのがベンチでの新浦でした。ＫＯされて戻ってくると初めのうちこそ、「次、頑張ればいい」とナインから励まされていましたが、そのうちに誰も声をかけなくなります。仲間から見放されたも同然で居場所があるはずがなく、ベンチの隅で頭を下げてじーっとしているしかありませんでした。

素質は長嶋監督が見込んだほどですから、ストレートが速く、カーブもよかったように好投手に共通するいいものは持っていました。それなのに、登板のたびにみじめな結果に終わっていたのは性格もあったと思います。よくいうノミの心臓でピンチに内野手がマウンドに集まり、「スコアボードを見てみろ。まだたっぷりリードしているから、気にしないで真ん中に投げろ」と励ましても、球を置きに行って打たれてしまう。さすがに長嶋監督も交代させるしかなくなるわけです。

75年は2勝11敗に終わったものの、その翌年から4年連続2ケタ勝利、最優秀防御率や最多セーブのタイトルを獲得できたのは、ひとえに長嶋監督が使い続けたからといってよく、監督が違えば75年の早い時期に二軍に落とされていたでしょう。

新浦はノミの心臓を克服した数少ない選手の1人といえ、私が知るかぎり、その多くは期待されながら球界を去っています。王貞治監督の1年目に、ロッテから移籍してきた三宅宗源《みやけそうげん》がそうでした。ロッテの三宅宅三《たくぞう》スカウトが養子縁組してまで台湾から連れてきた逸材で、ストレートは150キロ以上。オールスター戦で9連続三振を奪った江夏豊《えなつゆたか》の全盛時と比較しても負けないぐらい球威がありました。

「こんなすごい球があるピッチャーを、どうしてロッテは放出したのか」と不思議に思ったものですが、その理由は実戦ですぐにわかります。

キャッチャーがミットを真ん中に構えているのに、そこに球が行かない。そしてフォアボールを連発した挙句、押し出しで自滅するのです。たまりかねたピッチングコーチがキャッチャーに、「宗源に、『ブルペンみたいに思いっきり投げろ』といっているのか」と問いただすと、「いつも、そういってるんですけどね……」。三宅が巨人に在籍していたのは、わずか2シーズン。1勝も上げられませんでした。

ハートの弱さだけはコーチでもどうにもならず、新浦のように本人が克服するしかないのです。野球に詳しい心理学者が画期的なメンタルトレーニングを開発してくれるしか、解消方法はないでしょう。

球種を予告されても打てなかった江夏豊《えなつゆたか》

私の結婚式に出席してくれるほどの仲だった江夏豊は、皮肉にももっとも苦手にしていたピッチャーの1人でした。右バッターへのサウスポーのウイニングショットはインコースにクロスぎみに入ってくる球といわれますが、その常識を裏切ったのが江夏。アウトコースの高めに速い球がグーンと伸びてくるのです。

もう時効ですから明かしますが、グラウンドで顔を合わせたときに、「上田、お前には真っすぐだけ投げるからな」といわれたことがありました。私を確実に打ち取る自信があったからでしょう。ところが私はストレートこそ、もっとも恐れていた球で、「その真っすぐが打てないんだよ」と泣きを入れたものです。江夏からヒットを打ったのはカーブかフォーク。ストレートはごくたまに、三遊間を抜けたぐらいでした。江夏が最盛期のころで、ＯＮでさえ手こずっていたのですから、当たり前と言えば当たり前でしたが。

大洋の平松政次のカミソリシュートも凄味がありましたが、インコースは苦手にしていなかったので結構、打つことができました。手も足も出なかった江夏だったからこそ、「真ん中しか投げない」といわれたのを覚えているのです。

杉浦忠《すぎうらただし》、金田正一《かねだまさいち》、そして稲尾和久《いなおかずひさ》の伝説

社会人野球のシダックス（すでに解散）監督だった野村克也さんに聞いた話で印象に残っているのが、南海で球を受けた杉浦忠さんのことです。アンダースローでストレートは地面すれすれからグーンと浮き上がって、高目いっぱいのストライクになったといいます。カーブを投げると右バッターをのけぞらせて、アウトコースぎりぎりのストライク。入団1年目は27勝、2年目のシーズンは38勝4敗。日本シリーズでは指に血豆を作りながら4連投4連勝の離れ業を演じています。

「全盛期はアンダースローなのに、150キロは出てただろうな」と野村さんは話していたほど。並のバッターでは打てなかったのも納得できます。

国鉄（現ヤクルト）時代の金田正一さんもストレートの威力は群を抜いていましたが、カーブの落ち方も異次元そのものでした。バッターはカーブが来ると1度、上を向いたといい、それがストンと落ちてストライクになる。それこそ〝消える魔球〟。

球種は2種類だけだったのに400勝の大記録を残した原動力は、速さと落差にあったといえます。

球界の先輩の思い出話や、私が選手で対戦するかコーチとして見てきた投手の中で制球力ナンバー1は、西鉄（現西武）の稲尾和久さんです。持ち球はストレートにスライダーとシュートで、どれ1つ取っても水準以上だったのはもちろんですが、それを生かしたのが抜群のコントロール。球種を変えて何球投げさせてもキャッチャーが構えるミットから1センチと外れなかったといいます。〝神様、仏様、稲尾様〟とあがめられたのもなるほどなのです。

3章

ここ一番に強い選手の誰もマネのできない練習法

練習では超スローボールしか打たなかった落合博満《おちあいひろみつ》

試合前の練習で、もし落合博満がバッティングゲージに入っている姿をファンが目にしたとしたら、野球に対する考え方が一変したのではないでしょうか。落合の練習方法は野球人の1人である私から見ても、想像の域をはるかに超える特異なものだったからです。

宮崎キャンプも半ばを過ぎたころのことでした。九州地区でオープン戦があったのですが落合は参加せず、やはり宮崎に残っていたコーチの私は「打撃投手をやってほしい」と頼まれたのです。打撃投手の球速は120キロ前後。打ちごろの球であり、打者はそれぐらいの速球で調整するのがふつうです。若手相手に投げることが珍しくなかった私が肩慣らしに120キロのボールを何球か投げると、落合は苦笑いしながら「上田さん、とにかく緩い球を投げてください」と言います。

「このぐらいでどうだ?」「いや、速すぎます」「今度はいいだろう」「もう少し、遅めで」。こんなやりとりをするうちにわかったのは、落合は70キロはおろか、60キロ台を要求していることでした。小中学生を対象に野球塾を開講しているからわかるのですが、70キロは小学校4、5年生でも無理なく投げられますが、大人が、それもプロの選手は、たとえ野手でもそんな緩いボールは簡単に投げられません。たとえば外野手がバックホームするか、内野手が1塁に送球するにしても軽く100キロは超えているからです。

ピッチングは150キロのストレートも、90キロの緩いカーブも全身を使って投球します。ところが70キロに満たない遅い球を意識して投げるには全身は使えず、肩だけでコントロールしなければならないのです。私は1週間、1日100球から150球ぐらい、落合に付き合っただけで肩をおかしくしてしまいました。巨人に来る前の中日で2人の打撃投手が肩を壊したと聞いていましたが、ありうることだと妙に納得したものです。

落合はなぜ、そんなに緩い球を要求したのか？　それは自分のポイントで打つためです。ポイントに来るまでボールを待つことができれば体が開くことはなく、引きつけて打てる。その上、右バッターである落合の打球はすべて右中間に飛んでいきました。

自分のポイントで打つ、体を開かない、打球は反対方向へ（左バッターなら左中間）——この3点はバッティングの基本中の基本。スランプに陥った選手にアドバイスを求められたコーチがまず反対方向に打てというのは、体が開かないようにさせるためなのです。しかし、頭でわかっていても実行するのは容易ではありません。知らず知らずのうちに基本から外れた打ち方になじんでしまっているからです。キャンプ中なら修正するのは難しくないのですが、実戦で少しずつクセがついてしまうとバッティングフォームとして固まってしまうのです。落合がコンスタントに右中間へ打とうとしたのは、それがわかっていたからでしょう。

それにしても解せなかったのは、緩い球だけで練習したこと。実戦のピッチャーの球速を考えれば、120キロのほうが目も慣れるはずなのですが、落合は150キロ超のストレートを苦もなく打っていました。天才だから可能だった練習法というしかありません。並の選手がマネをしたら、おそらく訳がわからなくなってしまうはずです。

また、へそのあたりにグリップエンドを据えてバットを立てる神主打法がトレードマークだったように構えも独特でしたが、これは打撃理論から逸脱してはいません。それが証拠にスイングするときは基本に忠実でした。ただしバッティングが水物であることはわかっていて、監督を務めた中日では投手陣を強化し守備を徹底的に鍛えています。野球に関して合理主義者といわれたゆえんでした。

スランプ解消はＯＮを手本にした原辰徳《はらたつのり》

球史に残る偉大な選手でも、スランプに陥ることがあります。原因をコーチといっしょに探ってみても見つからず途方に暮れるうちに、ちょっとしたきっかけで解消することがあるから野球は奥が深いのです。

ホームゲームのナイターで特打する選手は午後2時過ぎに練習をはじめます。だからコーチは、それより早く球場入りするのが慣例になっているのですが、東京ドームのグラウンドに出てみると、すでに外野フェンス際を全力疾走する選手を目にしたことがありました。まだ照明は入っていない時間ですから場内は薄暗く、誰かはわかりません。ピッチャーが早めに来て汗をかくことがあり、その1人だろうと思って近くまで行ってみるとタツノリ（原辰徳）だったのです。

巨人の押しも押されもせぬ4番。全身、汗びっしょりの姿に「どうした、太りすぎか」と聞くと「王さんや長嶋さんは打てなくなったとき、ずーっと走ったと聞いています。だから私も走っているんです。3日間は続けます」と言うや、また全力疾走するのです。

確かにONはよく走っていたものですが、私が原にその話をしたことはありませんでした。手のかからない選手でコーチでも求められないかぎりアドバイスはしなかったからです。バットに触れようともせず3日間走り通した原は、まもなく調子を取り戻しました。やると決めたらやり抜く若大将でした。

不自由な右手を補う不屈の努力から生まれた広角打法

巨人は1974年（昭和49年）に優勝を逃しシーズン2位に終わると、V9の川上監督は退任。現役を引退したミスター長嶋茂雄が監督に就任しますが、その1年目は球団史上初めて最下位に沈んでいます。長嶋さんなら、また巨人の黄金時代を築いてくれると期待されたのですが、打線の両輪の1人、長嶋自身が抜けた穴は想像以上に大きかったのです。しかし、長嶋監督に落ち込んでいる暇はありませんでした。11月に静岡県伊東で秋季キャンプを張り若手を鍛え上げたのは戦力の衰え、駒不足を誰よりもわかっていたからです。

そして、戦力補強ではトレードで日本ハムから首位打者7度の張本勲を獲得します。日本ハムの前身だった東映は、やんちゃな選手が多く〝暴れん坊集団〟と恐れられた球団です。張本さんはそのドンのような存在でした。〝紳士たれ〟といわれてきた巨人ナインに、どんな刺激を与えてくれるかと思ったものですが、それはいい意味で裏切られることになります。同い年でプロ入りも同期の王さんに心酔していて、王さんとともに率先して練習する姿は若返りが急がれる巨人ナインのお手本そのものになるからです。

遠征の宿舎では試合から戻った食事後、野手は広い部屋に集まり代わる代わる素振りをするのが日課になっていました。最初にバットを手にするのは王さんで、その横には必ずと言っていいほど張本さんがバットを構えていました。私が2人の間に立たされてバットを振る姿を写した写真を持っていますが、左右から聞こえるスイングの、尋常ではない音に驚かされたのを今も覚えています。

張本さんは幼いころに大やけどを負い右手の指は不自由で、いつも手袋をはめていました。左バッターは左腕でバットをコントロールします。バットの握りは、中指、薬指、小指の3本が重要で、この3本でギュッと力を入れるのが基本なのですが、張本さんはそれができない。その代わり、左腕の腕力を鍛えるだけ鍛え、独特の広角打法を生み出したのです。

野球をやったことがある人ならわかるでしょうが、右バッターは左腕で、左バッターは右腕でバットを振り抜くのが基本です。ところが張本さんは右手が不自由なため、左手が主となります。基本とは反対の打ち方になり、それが独特の広角打法を生んだのです。才能が並外れていたとはいえ並大抵の努力ではなかったはずです。王さんのフラミンゴ打法同様、努力のたまものだったといえます。

張本さんの〝男気〟を感じた事件を覚えてます。それは広島球場でのファンとのいざこざでした。確かに張本さんは手は上げましたが、一部のあまりに心ないファンの

左右から聞こえてきたスイングの音は今でも鮮明に

振る舞いに激怒した他の選手が加害者にならないように、自ら悪者を買って出た行為でした。

広島球場での試合で、いつも悩まされたのが三塁側ベンチの上に陣取るファン。ベンチの外にあるバットケースからバットを抜こうとすると、1メートルぐらいしか離れていないところからビールをかけられツバを吐きかけられ、張本さんは小便をかけられたこともあったほどでした。当時は警備員も見当たらず我慢するしかなかったのですが、堪忍袋の緒が切れる日がついに来ます。

きっかけは、審判の誤審。バックホームのタイミングは完全にアウトだったのにセーフになりサヨナラ負け。巨人ナインはベンチを飛び出して「今のが、何でセーフなのか」と詰め寄っているときでした。すでに広島ナインは引き揚げていましたが、それに代わって観客がグラウンドになだれ込んできました。その中に、いつもベンチの上から悪さをしている者を選手が見つけて、「あの野郎だ」となった、そのときでした。張本さんが「誰も手を出すな」と制して殴ったのです。

その後、バスが襲撃されてファンの1人がけがを負い、その原因が「張本がバットで殴った」と通報されて、張本さんは警察から事情聴取を受けることになります。私はずっと張本さんのそばにいましたから、言いがかりであることはわかっていましたが、この一件でONのどちらからともなく「張やんも、ジャイアンツの選手になったな」と言ったのでした。

巨人には1976から79年の4年間、在籍。リーグ優勝した76年、77年は3割を打っています。「王さんより、目立ってはいけない」と控えめだった大打者の姿は、今も印象に残っています。

自分で弱点を克服した駒田《こまだ》徳広《のりひろ》

コーチに指摘されなくても自分のウイークポイントをわかっている選手は少なくありませんが、それを修正するのは長所を伸ばすより難しいものです。頭ごなしに練習させても黙々とやる選手がいれば、納得させたうえで練習させているのに成果が出ず、くさってしまう選手もいるからです。個性の違いなのですが、技術を教えるのが巧いコーチより選手の立場に立っていっしょに悩みながら練習に付き合うほうが結果を出せることもあります。

打撃コーチが1人ではなく、2人、3人いるのは選手との相性があるからです。コーチもかつては選手、思い通りのプレーができなくて悩み、スランプに陥った時期があります。それらを思い出して、「俺もお前のように苦しんだことがあったんだ」と話せば選手はほっとしてかたくなだった心を開いてくれるもの。ともに悩み解決策を模索できるコーチは、すぐれたメンタルトレーナーでもあるのです。

どんなに手を尽くしても伸びない選手がいれば、手助けしなくても自分で工夫する選手もいます。駒田徳広は、その1人でした。私が初めてコーチとして接したのは、ピッチャーとして入団した駒田のキャッチャー役を務めたときでした。担当スカウトからは、「バッティングを生かしてくれ」といわれていましたが、当時の中尾碩志《なかおひろし》二軍監督と相談して駒田をマウンドに立たせてみたのです。

130キロちょっとの平凡な球を受けた私が「おい、力いっぱい投げてみろ」とハッパをかけると、駒田から「全力投球したんですけど」と拍子抜けするような答えが返ってきました。中尾さんにありのままを伝えると、「明日からは、ずーっとバッテイングをやらせる。上田頼むな」となりました。

駒田は190センチを超える長身で腕が長く、打たせてみるとインコースに詰まります。バッターボックスの目いっぱい後ろに立たせるとインコースは打てるようになったのですが、それと引き換えにアウトコースに反応できなくなってしまいました。それがまだ入団して1年目のことです。打撃センスのある20歳前の若者だけに時間をかければものになるだろうと期待して、そのシーズンは終わりました。

そして2年目を迎えたある日、駒田は何を考えたのか多摩川グラウンドに短めのバットを持って来ました。34インチか34・5インチがふつうですが、駒田の新しいバットは33インチ。ところが、1インチわずか2・54センチ短くしただけで、ホームベース寄りぎりぎりに立ってインコースが打て、長い腕があるからアウトコースもなんなく打つのです。1軍に上がって、初打席でいきなり満塁ホームランの衝撃的なデビューを果たした背景には、弱点を克服した駒田なりの工夫があったわけです。

バットを短く持てばインコースは苦にならなくなりますが、それは平均的な背丈の選手がやることで長身の駒田には似合わない。対戦相手のピッチャーやファンは、

「駒田は大柄だから、バットが短く感じるな」と思ったのではないでしょうか。駒田の引退後、球界関係者に「駒田は体が大きいからバットが短く感じた」といわれ、「本当に短かったんだ」と明かすと絶句していました。相手をだますのもプロのテクニック、駒田は名役者だったのです……。

先乗りスコアラーはイメージトレーナー

情報収集と分析が重要視されるようになり、どの球団にも数人のスコアラーが配置されるようになっています。スコアラーの1人はチームに同行してベンチに入り試合経過を記録し、首脳陣や選手の求めに応じて相手チームの情報を伝えますが、残る数人は次戦以降で戦う相手の偵察部隊になります。ビデオを回しながらスコアブックを付け詳細なメモを取るのが目的で、ターゲットの中心は先発ピッチャー。これが先乗りスコアラーで、そのさらに1試合前を対象にするのは先々乗りスコアラーと呼ばれています。

どこの球団も中5日か中6日の先発ローテーションが確立されていて先発ピッチャ

ーは予想できるからです。野手も、もちろんチェックしますが常時試合に出ていますから、変化があったところだけメモすることになります。

スコアラーは全体ミーティングで、持ち帰ったビデオを撮影しながら解説役も務めます。「今のストレートは145キロ」「球種の割合はストレート5、カーブ3、スライダーとフォークがそれぞれ1です」のようにです。すでにシーズンで対戦して攻略法はわかっているピッチャーでも投球の組み立てを変えることがあり、新鮮な情報は試合でおおいに参考になります。スコアラーはビデオからは読み取りにくい、肌で感じた微妙な感触も伝え、選手から質問があれば詳しく答えます。つまりイメージトレーナーの役割も担わされていることになります。

私の現役当時はスコアラーがおらず、打席に立ってベンチに戻るたびにノートに1球ごとの球種、コースを記入するのが習慣になっていました。快打を飛ばした打席が1球目スライダー、2球目ストレート、3球目のスライダーを打ったというように。もちろん、コースや高低も書き、仲間に「どこを狙ったほうがいい？」と聞かれれば、感じたそのままを答えたものでした。情報の共有は勝利への基本です、今の選手はスコアラーの分析を聞くだけで、「自分が打席に立ったときは、どう打つか」しか考えていないようなのは、残念な気がします。

見抜いていても明かさないピッチャーの癖

同じオーバースローの右腕でも投球フォームは同じではありません。足の上げ方からボールのリリースポイントまで、それこそ十人十色です。その違いはピッチャーの個性になる反面、癖を見抜かれればカモにされることになります。

癖を見抜くコツはワインドアップで振りかぶったとき、グラブからの手首の出具合に注目することです。もちろん、ピッチャーによって違いはありますが、5センチ出ていれば直球、2センチなら変化球と判断したりします。球種によってボールの握り方に差があるからで見えるのは一瞬ですが、それだけでバッターには圧倒的に有利になります。この程度は癖の初歩。ピッチングコーチに指摘されれば修正できますが、その差がわずかで周囲も見逃すこともあるのです。癖を明かさないのは当然ですが、見抜いた選手から教えてもらってもわからないこともあります。

巨人V9時代の5番だった末次さんがお得意様にしていたのが広島のエース、外木《そと》場《ば》義郎《よしろう》。20勝投手で完全試合1回を含むノーヒットノーランを3回もマークした好投手で、大きく曲がるカーブはまず打てなかった。ところが末次さんは外木場のカーブを苦もなく狙い打ち、「上田よ、おれはあいつのカーブ、わかるんだ。じーっと、見てればお前もわかるって」というのです。

具体的なところは忘れてしまいましたが、投げる際のほんのわずかな動作でした。ベンチ前のネクストバッターズサークルでじっくり確認して、「よし、わかった」と意気込んで打席に入っても凡打を繰り返すだけ。口惜しいから外木場が登板するたびに確かめようとし、末次さんも「おれには簡単なんだがなあ」と首をかしげながら身振り手振りを交えて何度か教えてくれましたが、それでもとうとうわかりませんでした。

私とは相性が悪かったというしかありませんが、癖はなくても末次さんと外木場のような関係は今でもよく聞きます。説明しようのないことで、おそらくタイミングが合うかどうかなのでしょうが、川上監督は選手のころ「ボールが止まって見える」ピッチャーがいたと表現していました。

スコアラーは対戦相手の先発が予想されるピッチャーをビデオに収めて分析するように、自軍のピッチャーもビデオでフォームをチェックします。スロー再生もできますから修正すべき点や癖もわかります。そのせいもあってか、今は癖のあるピッチャーは少なくなりましたが、それでもあるのです。それを見つけた選手は打席に立つのが待ち遠しいはずです。相手の弱点を逆手に取るのは勝負事の常識であり、そこに付け入ることを卑怯《ひきょう》とはいえません。相性のいいピッチャーが出てきて、「よし、これでヒットを1本もらえるな」とほくそ笑んでいる選手が今日もいるはずです。

当て馬を多用するチームは優勝できない

パ・リーグに続いてセ・リーグも予告先発するようになりましたが、かつてチーム付きスコアラーには目立たないが重要な仕事がありました。ビジターチームの試合前の練習を偵察することです。ターゲットは先発ピッチャー。「先乗りスコアラーが調べて、わかっていたはず」と反論されそうですが、読みを外そうとしたり体調によって変更されることがあったからです。めったにあることではありませんが、確認の意味も含めてチェックしたわけです。

スコアラーは記者席の最後方のような目立たないところから双眼鏡で先発候補を追うことになります。どの球団も先発は軽い練習しかしないのがふつう。右腕が有力とすると、もう1人左腕にも同じように練習させて、少しでも迷わせようとするのです。昨年までのセ・リーグならどの球団もやっていた攪乱《かくらん》戦術でした。

メンバー表の交換をする前だけに有効だったのですが、ピッチャーが右か左かでオーダーを組み替えるのは私には疑問です。サウスポーが出てきたときに右バッターをずらり並べたりするわけですが、サウスポーを気にしない左バッターも少なくない。巨人では阿部や、調子が良かったころの小笠原がそうで、先発から外されないのがいい例です。

強いチームほどシーズンを通して不動のメンバーで戦うものです。選手は監督やコーチから信頼されていると感じるだけで、アグレッシブに打席に入ることができます。控えに回った選手もチャンスが回ってくれれば、「いい仕事をすれば、定位置が取れる」と励みになる心理的な効果も見逃せません。監督がナインを信頼している証しになり、「チームのために、監督のために」と選手を発奮させるのです。

練習できない時期に心を鍛えた岡崎《おかざき》郁《かおる》

けがをすると治るまでは別メニューの練習しかできなくなり、その程度によっては引退さえ考えなければなりません。プロ野球の表彰制度に、長い期間、試合に出られなかった選手が再び活躍すると贈られるカムバック賞がありますが、1990年に受賞したのが吉村禎章《よしむらさだあき》。札幌・円山球場の中日戦で左翼手として飛球を追いかけて選手同士で激突。左ひざの靱帯を完全断裂する大けがを負ってアメリカで手術し、厳しいリハビリを乗り越え復帰したことが讃えられたのでした。

けがではありませんが、入団して間もなく病気にかかり、それを克服したのは岡崎郁（現巨人一軍ヘッドコーチ）です。1979年のドラフト3位で入団しています。しかし肋膜炎を患い、体重は100キロを超えるほど太ってしまいます。二軍コーチだった私が岡崎に付けたニックネームはサリー。当時の巨漢力士、小錦《こにしき》から拝借したもので、無理をさせられない岡崎には多摩川グラウンドの周囲を体重を落とすために放牧と称して、ただひたすら歩かせたものでした。

練習できないことほど選手にとってつらいことはありませんが、岡崎は耐えました。「体が治ったら、あれもしたい、これもしたい」と考えたのでしょう。私と2人でよく話をしたもので、病を克服してからは猛練習を積み入団から5年目の85年に一軍入り。レギュラーの座を手にしたのは野球ができない時期があったからといっていいでしょう。

まだ現役でいられる体力がありながら戦力外通告され引退すると、「もっと練習していれば……」と嘆く選手が多いのですが、岡崎のような心構えを持ち練習に打ち込んでいれば、もっと野球は続けられていたはずです。選手として崖っぷちに立たされたことがある岡崎だけに、けがや不調で二軍に落とされた選手には「あわてずに練習して、一軍に戻ってこいよ」と励ましているはずです。

ゴルファー〝世界の青木〟をマネしてグラブに目を付ける

今年70歳になったプロゴルファーの青木《あお》功《きいさお》さんが、シニアトーナメントを中心に試合に出ている姿を目にすると頭が下がります。巨人のキャンプ地宮崎で、秋季キャンプを張る時期にフェニックストーナメントという伝統あるゴルフトーナメントが開催されます。ある年のキャンプの休日、トーナメントを観戦したその夜に、青木さんから食事に誘われたことがありました。話題は当然ゴルフの話になりましたがアメリカで行われるマスターズの話になったとき、青木さんが「マスターズはいい成績だったことがないんだ」と嘆きはじめたのです。

マスターズは世界の4大メジャー大会のトップを切って、毎年4月初めに開催されます。舞台になるオーガスタは、あの石川遼《いしかわりょう》くんも苦しめられる難コース。出場選手は世界のトップクラスに限られ、青木さんも招待されることを目標にしていたといいます。ただし、出場できたとしても厳しいコースで、青木さんが言うには「点と点のコース」。いいスコアで回るには、フェアウエーもグリーンも乗せるべきところは限られていて、それを青木さんは「点と点」と表現したのです。

その以前にも何度かお会いしていて、私が少しはゴルフを知っているとわかっていたからなのでしょう。「オーガスタは（出場すると）『青木、こんなゴルフをしていると、1年間いい成績は残せないよ。もっともっと練習しなさい』というんだよな」と、つぶやくようにいうのです。

食事に行く前にパッティンググリーンでの練習を見ていたのですが、キャディーはカップから2メートルぐらい、それも同じところにボールを置くだけ。青木さんが、それを黙々と打つだけの練習が40、50分は続きました。食事の席で、「パッティングは日本一の青木さんが、どうしてあんなにパッティングの練習をするんですか」と聞いてみて返ってきた答えが、「今日の俺はパターに目が付いていなかったからだ」でした。

青木さんの説明が理解できないまま巨人の宿舎に戻りました。その翌日の練習の合間に青木さんのことを選手に話してみると、面白いリアクションをしたのが岡崎郁と川相昌弘《かわいまさひろ》でした。「僕はグラブに目を付けてみます」といってグラブの芯の部分にマジックで目玉を描いたのは岡崎。確かにそこに目があれば、キャッチングするときにグラブがですが、ボールがよく見えます。川相は目こそつけなかったものの、ボールがグラブに収まるまで見ていて「入った！」と笑っていました。

このときから何年か経って、青木ファミリーの泉川《いずみかわ》ピートや海老原《えびはら》清治《せいじ》とラウンドをしたときにこの話をすると、「青木さんらしい言い方で、ラインが見えないといっていたのでしょう」と謎解きしてくれました。岡崎と川相は感覚的にグラブに目を付け、グラブにボールが入るまで目を離さなかったのでしょうが、のちに一軍で活躍することになる2人だけに、ゴルフと野球と住む世界は違っても、ピンとくるものがあったのかもしれません。

選手との対話で職業意識を刺激

プロ野球の世界で生きていくには練習しなければならないとわかってはいても、楽なほうを選ぼうとするのが人間です。まだ一軍に上がったことがない選手なのに、私の眼に練習で手抜きをしていると映る選手には、厳しいことも言います。「このままでは、今年の冬は自由契約になるぞ」みたいにです。もっとも、そんなふうにきつく言うのは可能性があるからで、説得材料に持ち出すのは一軍の待遇のよさでした。

同じポジションのレギュラーを例に挙げて、「給料はお前の10倍以上もらっているし、ベンツに乗っている」「練習さえすれば、お前もああいう選手になれる」と励ますのです。アメとムチを使い分けて、やる気を出させようとするのはコーチの仕事でもありますが、それでも聞き入れてくれない選手は消えていくしかありません。

一軍経験者が二軍に落とされてきたときは、もっと厳しいことを言います。「なんで俺が、二軍なんだ」とふてくされる選手は珍しくなく、実際、選手のころの私もそうなったことがありました。「俺も腹が立ってやけを起こしそうになったことがあるから、お前の気持ちはよくわかる。でもな、どこか足りないところがあったから二軍行きを命じられたんだし、一軍に残っていてもたまにしか試合には出られなかっただろ？　二軍ならいくらでも練習できるし、試合にもたくさん出られる。また一軍から呼ばれる日は必ず来るから、それまではとにかく練習しろ」と諭したものです。

また、故障して回復までに時間がかかる選手は二軍どころか育成に落とされることもあります。プロは競争の世界、負けたら球界を去るしかない。毎年、ドラフト、移籍、ＦＡでライバルが入団してきますが、「誰が入ってきても関係ない。自分の力を出せば、（競争に）勝てる」と強い気持ちを持っていれば、必ず這い上がれます。コーチはそのための手助けをする存在でもあるのです。

グラウンド整備で実感するプロ意識

各球団には一軍と二軍があり、日本ハム以外は育成枠の選手もいます。私が巨人の育成監督だったころは、一、二軍で故障した選手が治療しながら練習することがあり、新人は全員まず育成に入れられました。社会人としての教育も担当したからです。

新人の中には高校出身者も含まれますから、社会人としても1年生。毎日、練習を始める前に10分から15分、円陣を組んで社会常識を教えることになります。それも社会常識の細かいところまで書かれたものを渡して説明するのです。ところが、それでも集合時間に遅れる者が出てくるし、きちんと挨拶できるようになるまで時間がかかる者もいます。プロ野球選手である前に、社会人として一人前にしなければならないのです。何かと誘惑が多いプロ野球選手だけに、人間教育は欠かせません。

練習時間にも気を使います。高校生のときは授業が終わってから、せいぜい2、3

時間。大学生も講義に出席しなければならず、社会人も仕事がありますから、長時間の練習には慣れていません。いきなりプロのように朝10時から夕方5時までシゴいたりしようものなら、故障してしまいます。段階を踏んでプロの水になじませるには、育成はぴったりの環境といっていいでしょう。

プロ意識を植え付けるために、選手の仕事場でもあるグラウンド整備をさせることもあります。いつもはグラウンドキーパーにお願いしているのですが、これが大変な重労働なのです。当時の多摩川グラウンドに撒かれる砂には、石ころが混じっていて整備をおろそかにすると打球がイレギュラーするだけでなく、スライディングすれば大けがもしかねません。

ある日、一軍が練習に来ると連絡が入り早めに練習を切り上げて、選手とともに急いでグラウンド整備をしたことがありました。私たちがレーキと呼ぶ、熊手を横にまっすぐ伸ばしたような道具でまず表面の砂をすべてさらいます。それを何か所かに分けて山盛りにしたあと篩《ふるい》にかけた砂を撒き散水すると、見違えるようなグラウンドになるのです。

名将の1人に必ず挙げられる南海（現ソフトバンク）の監督だった鶴岡一人《つるおかかずと》さんが遺した言葉に、「グラウンドには銭が落ちている」がありますが、まさにその通り。「このグラウンドで汗を流せば、将来、1億円プレーヤーにも2億円プレーヤーにもなれる。だから小さな石ころでもすぐ拾うように」と励ましたものです。自分の手でグラウンドをきれいにすれば、キーパーの仕事がどれくらい大変かわかり、練習に熱が入る効果があったのはいうまでもありません。

私もそうでしたが、プロ入り前はみなチームのエースか4番バッター。お山の大将だったのですが、山を下りてプロ入り。周囲を見回してみると自分よりすごいやつがごろごろしていることに気が付きます。誰もが一度はくじけそうになるものですが、そこで頑張れるかどうか。石ころを拾いながら、「まだまだ練習が足りない」と思える者だけが這い上がっていくのです。

ところで、グラウンドが会社のデスクか、お得意先との交渉の場であるとすれば、ユニフォームとグラブ、スパイクはスーツであり仕事の資料を入れるカバンや筆記具です。スーツはヨレヨレ、資料も肝心なものを忘れたりすれば、おそらく仕事はスムーズに運ばないどころか、お得意先を失いかねません。

ユニフォームは球団がクリーニングしてくれますが、グラブやスパイクは自分で手入れするのが当たり前。それに、二軍や育成でも練習を見に来てくれる熱心なファンがいるのに、練習が始まる前からスパイクに泥がついているようではがっかりさせることになります。ミーティングでは必ず「グラブは磨いているか」と聞き、ユニフォームの着こなし方をチェックしました。それでも、きちんとできない選手がいるとグラウンドを5周走らせたりしたものです。一種の罰ではあるのですが、ランニングは体力アップにもなったからです。

ビール1本で本音を聞き出す

選手の心のケアとでもいうのでしょうか。KOされたピッチャー、ピンチでエラーした野手、そして打席で凡打を繰り返した選手は表面的には明るく振舞っていても、「あそこでどうして球を置きに行ってしまったのか」「落ち着いて捕っていれば……」「わざわざ難しい球に手を出してしまった」と、心の中で反省しているものです。現役時代の私がそうでしたから「まだ気にしているな」と察することができ、落ち込んでいる選手にはさりげなく話しかけたものです。

遠征の宿舎での食事の席は監督とコーチは別に用意されているのですが、私は選手と選手の間に座るようにしていました。ビールをいっしょに飲みながら、「今日のあのプレーはどうだった?」と聞くと、「ランナーがスライディングしてくるのはわかっていましたから、あわてませんでした」と併殺プレーに胸を張る選手がいれば、「すいません、打球を殺せなくて…」と送りバント失敗を素直に認める選手もいます。少し酒が入ればリラックスしますから、本音が出てくるわけです。自慢話にはうなずき、反省しているようなら次の試合でうまくやればいいと励ませば、選手はほっとするのです。

つらい体験で覚えているのが、甲子園球場でサヨナラ負けを喫した試合。2点リードしていた9回1死ランナー一塁で一塁のライン際にゴロが飛びました。ちょっと難しい打球でしたがファーストは守備の巧い駒田、「ツーアウトにはなるな」と思っていると、駒田は踏もうとすれば踏めた一塁ベースには目もくれず体勢を崩したまま二塁に送球。それが悪送球になって塁上にランナーが2人残り、そのあとピッチャーが打たれてサヨナラ負け、後味の悪い結果になってしまいました。

選手が着替えするロッカールームはいつものように賑やかであるはずもなく、監督室へ入ると藤田監督がカリカリしているのがわかります。その場は何もなかったのですが、宿舎に戻るとコーチの1人が怒りも露わに私に向かって、「あんなプレーをそのままにしていては示しがつかない。罰金を取れ」といいます。守備コーチの私の責任でもありましたが「一所懸命やっての結果、取れません」と抵抗していると、藤田監督から「罰金だ」とひと言。監督のことばには逆らえません。

ビールを1本ぶら下げて駒田の部屋に向かいました。駒田は察しがつかないはずがなく2人で一杯飲んでから、「今日のプレーは罰金だ」と切り出すと、怠慢プレーではなかっただけに当然、駒田は怒り出しました。「積極的にプレーしてはだめなんですか？　罰金は払えません」と納得しません。

しかしビールを注ぎながら、「あのケース、ベースを踏めばツーアウトじゃないか。ランナーが二塁に残っても2点差、まだ余裕がある。お前ぐらいのベテランになれば、それぐらいわかっているだろう。エラーより、そういう状況判断の甘さに対しての罰金だ」と説明しても、まだ抵抗していましたがビールを酌み交わすうちに怒りは収まり、私が損な役回りを引き受けさせられたこともわかってくれたのです。

同僚のコーチに酒が飲めない、下戸の球界の大先輩がいました。高齢だったこともあって朝が早く、ナイターの翌朝でも9時ぐらいになるとまだ寝ていた選手を起こして、「喫茶店で待っているからな」と呼び出すのが遠征先での常でした。前夜のプレーで気が付いたことを話すのですが、褒められるのならまだしも、お小言を頂戴するのではたまったものではありません。まだ眠い選手は、黙ってうなずくだけ。1杯でも飲めたら、その前の晩に本音が聞けたのにと思ったものでした。

4章

結果を出せる選手の自己管理法

40歳を超えたホームラン王と先発ピッチャーが活躍できる理由

選手の寿命が延びて40歳を超えてレギュラーを張る野手や先発の一角を占めるピッチャーが増えています。セ・リーグの野手では楽天から中日に復帰した山﨑武司《やまさきたけし》が44歳、ヤクルトの宮本慎也が41歳、パ・リーグにはソフトバンクの小久保裕紀《こくぼひろき》41歳と日本ハムの稲葉篤紀《いなばあつのり》40歳。稲葉と宮本はシーズン前半に、小久保も腰痛に耐えながらオールスター戦の前に2000本安打を達成しています。そしてピッチャーでは中日の山本昌がなんと47歳、入団テストを受けて楽天入りした下柳剛《しもやなぎつよし》は44歳です。

山﨑は楽天時代の39歳のときにホームラン43本でタイトルを取っていますが、上には上がいます。1988年、44本でホームラン王になった南海（現ソフトバンク）の門田博光《かどたひろみつ》は40歳でした。ただし、山﨑は41歳で39本打っていますから、この2人は互角といっていいでしょう。

歳をとっても長打力を維持できるのは、ホームランは大きな動きで打てることと長距離ヒッターは打率を気にしなくていい、つまりホームランか三振かが許される打者だからです。その点、稲葉はアベレージヒッター、実年齢より肉体は若く、記録はもっと伸ばせるはずです。山本と下柳の頑張りも脅威で、山本は完投能力がありますが5回投げてくれれば御の字でしょう。

40歳を超えて活躍したピッチャーで忘れられないのが巨人にも在籍した工藤公康。現役を続けるための努力には執念さえ感じられ、驚かされたのがキャンプに個人トレーナーを同行させたこと。巨人の宿舎に隣接するホテルに泊まらせ、トレーナーの仕事は練習後にマッサージするだけだったはずですが、半端ではなかったのが工藤の練習量でした。

コーチは若手選手に「もっと走れ、もっと練習しろ」とはっぱをかけるのが常ですが、工藤には「もう、それぐらいにしておけ」といったほどです。ところが工藤は「若いやつと同じ練習をしていたら、体力はどんどん落ちていく。それに俺は、体力を維持しようとしているわけじゃない。まだ体力を向上させないと1、2年でユニフォームを脱がなきゃならなくなるから練習しているんです」といったといいます。現役にかける姿勢は、プロの鑑《かがみ》そのものでした。

ところで、野球を知っているファンなら、「下柳のあの緩い変化球を、どうして打てないんだ」と思うでしょうが、バッターは変化球ピッチャーとわかっていても、バッターボックスに立ってまずイメージするのはストレート。変化球を待っていてストレートを投げられると打てないからです。下柳はそんな打者の心理を逆手に取り、まずインコースにストレートを投げます。134、5キロでも速球は速球。次に緩い変化球がくるとストレートが頭にあるぶん、タイミングを崩されて凡打に終わってしまうのです。

山本の投球パターンも下柳に似ています。球威に欠けるストレートを投げるのをピッチャーは怖がるものなのですが、それを克服できるのは長年の経験があるベテランだからです。中日の投手陣は豊富な練習量で知られていますが、「一番練習しているのが（山本）昌さん。昌さんよりはるかに若い私が練習しないわけにはいかないでしょう」と、あるピッチャーがこぼしたといいます。工藤同様、山本も人並み外れた努力をしているから現役でいられるのです。

ただし、ベテラン投手に中継ぎや抑え役は務まりません。リリーフはピンチで三振を取れるピッチャーでなければならず、状況しだいではブルペンでは何度も肩を作ります。そのたびに20球ぐらいは投げるとトータル100球前後になり、それが毎日続く。若手投手が多いのは経験を積ませる意味もありますが、体力があるからなのです。

先発とリリーフを比較すれば、5日か6日に1回登板すればいいのが先発ピッチャー。疲労を回復する時間はたっぷりあります。自己管理能力も問われますが、それはベテランにはお手のもの。メジャー同様、「試合を作る」基準である、勝利投手の権利を得る5回まで投げ切れば責任を果たしたと評価されるようになったのも追い風になっています。飛ばない統一球が採用されているうちは、もっと多くの40歳超ピッチャーが出てくるのではないでしょうか。しかし、選手の寿命が延びたとはいっても、引退する日は必ず訪れます。それを決めるのは選手本人です。

年齢を重ねるにつれて体力の衰えを感じるようになり、バッターがそれを実感するのは打席で「(ヒットを)1本もらった！」と思ったのに、凡打に終わったとき。タイミングもポイントも合っているはずなのに、打球は詰まってしまう。それは体の動きが悪くなり、反応が鈍くなっているからです。どんなにハードな練習をしても取り戻せない肉体の衰え。監督やコーチがまだ必要な存在と慰留したとしても、身を引くはずです。

野球選手にフィットするとは限らないウエートトレーニング

各球団にトレーナーが置かれるようになって、フィジカルトレーニングは変わりました。体を鍛える、筋肉を作るのはトレーナーが作成したメニューに従ったウエートトレーニングが中心になり、そのメニューは選手1人ひとりに用意されます。ポスティングで日本ハムからレンジャーズに移籍したダルビッシュ有が日本ハム在籍中に100キロを超える肉体になったのは、周到なメニューに基づくウエートトレーニングによるものでした。メジャー流の中4日の登板間隔に備えたからだけではなく、ダルビッシュの強靱《きょうじん》な意志によるところも大きかったでしょう。

トレーナーは「キミの負荷は10」、「あなたは15です」というように、鍛えるべきところを具体的に指示します。ピッチャーと野手では使う筋肉が違えば、負荷のかけ方も違います。トレーニングによっては1日も欠かさずやらなければ効果が出ないものもあり、選手は自宅や宿舎で消化しなければなりません。スポーツ医学に基づくだけに、トレーナーの指示通りトレーニングしていれば目に見えて体付きが変わってきます。

選手がうれしくなるのは当然で、「トレーナーはすごい」と思ってくれるならいいのですが、「よし、こんなに効果があるのなら、もっと他の筋肉も鍛えてみよう」とするおろか者も出てきます。鍛えたところがその選手に必要な筋肉だったとしても、鍛えすぎるとプレーのじゃまになることをわかっていないのです。

2011年5月、東京ドームで原監督に会うため監督室に行く途中、ロッカールームで越智大祐《おちだいすけ》に声をかけられました。「上田さん、お久しぶりです」と元気よく挨拶されたのはうれしかったのですが、裸の上半身はプロレスラーかボディビルダーのようにに筋肉隆々。そんなへラクレスみたいな筋肉を誇らしげに見せる選手は何人かいましたが、結果を出したとはいえませんでした。

越智の11年シーズンの結果も散々。トレーナーやトレーニングコーチは注意するのも仕事なのですが、野球選手は個人事業主でもあります。私もそうでしたが、選手本人が良かれと思ってやっているのがわかると、「鍛えすぎは、逆効果になるぞ」とはいえなくなるのです。選手の将来、球団の成績を考えればだめ出ししなければいけないとわかっていてもです。

選手の肉体を管理するのがトレーナーなら、体力づくりを担当するのはトレーニングコーチです。どちらも裏方さんの1人なのですが、自分の担当以上のことをアピールしようとすることがあります。私が育成監督だったころ、あるトレーニングコーチから「練習が終わった後、30分もらえませんか」と要求されたことがありました。どんな内容なのか聞くと、「50メートルダッシュを何本かやって、そのあと30メートルダッシュを20本です」。「スパイクを履いてやるのか」と聞くと、「ランニングシューズです」と答えるので私は即座に断りました。「同じトレーニングでも実戦に生かせる練習、スパイクを履いてベースランニングさせたらどうか」と提案したのです。ランニングシューズとスパイクでは走ったときの感覚は別物。ランニングの練習時間があるのですから、ダッシュはそのときにやらせればいいのです。

「走れ、走れ」で日本一

体力と能力があってもレギュラーになれるとは限らないように、芝生の上を速く走れるだけでは使ってはもらえません。たとえば、一塁ベースでのリードの取り方とスタートのタイミングを身に付けるほうが一軍への道は開けるのです。

どの球団もクールダウンを兼ねて練習の最後に走りますが、そのときは運動靴に履き替えるのがふつうです。私の現役当時と比較するのは気が引けるのですが、V9当時はビジターの試合では宿舎を出るときからスパイクを履いていました。だから移動用のバスの床には、キズがつかないように敷物が敷かれていたほどです。

スパイクを履いて試合をするのが野球。キャンプでランニングはシューズが常識になっていますが、私には歯がゆく感じられます。あるトレーニングコーチに、「スパイクでダッシュさせると、足を痛める可能性がある」と言われたことがありますが、それでは試合でダッシュするとどうなるんだと反論しそうになったことを覚えています。スポーツ医学や運動生理学が根拠になっているのでしょうが、今でも私には疑問です。

とはいっても、走ることがマイナスになることは、まずありません。アスリートならどのスポーツでも基礎トレーニングとして重視され、お相撲さんでも走るようになっています。今でも忘れられないのが、ロッテの監督を務めた巨人の先輩でもある金田正一さん。鹿児島のキャンプで、「えっ、まだ走るんですか」と選手が驚くほど走り込ませて、日本一になったほどです。金田さんは体の土台である下半身を鍛えれば、シーズンを乗り切る体力が付き故障も少なくなるとわかっていたのでしょう。

王さんがグラウンドに入ると、右翼と左翼のフェンス際を何度も走って往復する姿をよく目にしました。ウォーミングアップだったのでしょうが、一本足打法を支えるために下半身を強くしなければという意識もあったはずです。握力は一般人より弱い40前後、素振りもよくしていましたが、遠くに飛ばすための土台を鍛えていたわけです。

バッティングは打つための筋肉、ピッチャーは投げるための筋肉が要求されます。そのために野手は試合で使うバットだけではなく、少し重いマスコットバットを何百回と振って、ヘッドスピードを速くしようとします。そしてピッチャーは２００球、

300球と投げ込んで肩を作ります。メジャーは練習でも投球数に制限があり、日本では投げ込んでシーズンに備えた松坂大輔はメジャー入りした当時、かなり戸惑ったといいます。メジャーはメジャー流、日本は日本式でいいのではないかと私は思います。

疲れが倍増する1点差負け

負けるにしても、口惜しくて疲れるのが1点差の惜敗です。5点以上の大差を付けられたワンサイド負けならあきらめもつくのですが、わずか1点だと敗因がいくつも浮かんでくるからです。「あのエラーがなければ……」と思い出し、強攻策の失敗、投手交代の遅れと、反省材料が次々に出てきます。それも首位攻防戦での敗戦だったりすると心理的な影響も大きいのですが、長いシーズン、どんなに強いチームでも負けることはあります。それを乗り越えてこそ真に強いチームなのです。2012年の前半戦、巨人はそれこそ僅差での敗戦が続き下位に低迷しながら立て直し、交流戦で優勝したのがいい例です。

尾を引きそうな敗戦後に緊急ミーティングが開かれることがありますが、指揮官は「明日の試合から、気持ちを切り替えて戦おう」と言うだけ。ナインの士気を鼓舞するのが目的で、ミスした選手を責めることはありません。スランプに陥っているようならアドバイスしますが、試合をしてくれるのは選手。監督とコーチは選手を気持ちよく送り出すのが仕事でもあるからです。

ののしり合うコーチと選手

いいコーチの条件はと問われると、私は選手に対して愛情があり情熱をもって教えられるコーチと答えます。たとえばマンツーマンで1時間ノックしても10分ぐらいにしか感じられず「もう終わりか」となるような充実した練習ができるかどうかです。選手に情熱が伝われば体力の限界を超えるまで、いや限界を超えてもボールを追い掛けるようになります。2人の立場はどうでもよくなり、ただ巧くしてやりたい、巧くなりたい一心で向き合えるのです。いけないことかもしれませんが手も出るようになります。しかし、選手は気にもしない——そんな関係になれば、最高だと私は思います。

熱が入るあまり、よくケンカ腰で練習したのが中畑であり駒田でしたが、普段はおとなしい篠塚も、人がかわったのを覚えています。守備に定評があり「こんな捕りやすい球ばっかりだったら、巧くならないや」と挑発されると、「お前がヘタだから、捕りやすいゴロばっかり打ってやっているんだ」と言い返しながら、バットがボールに当たるところを意識的に変えたものです。

いちばん捕りやすいのはバットの芯にあてる打球。バウンドが素直でプロなら目をつぶっていても捕れます。ところが、ボールの下を叩くと打球は弱くなるがイレギュラーし、上を叩くと速くなり、これも素直なゴロにはならない。さらに二塁手相手のノックでは左バッター特有のスライスするゴロを転がし、三遊間に打つときは右バッターを想定してフックぎみのノックをしたものでした。コーチなら打ち分けられて当たり前で、私は選手より1、2時間早くグラウンドに出て練習したものです。

篠塚も中畑も駒田も、どんな打球を打っても、「へい、もう一丁！」と自分が納得するまで音を上げませんでした。

条件反射は鍛えられる

野球に限らずスポーツは瞬間的な判断力を要求される局面がよくあります。バッターで説明してみましょう。ピッチャーマウンドとホームベースの距離は18・44メートル。140キロの速球なら、0・4秒前後でキャッチャーに届きますが、バッターはピッチャーの手からボールが離れて9メートル前後に達したところで、球種とストライクかボールか判断しなければなりません。マウンドとホームベースのほぼ中間で、時間にしてわずか0・2秒。練習することでその判断力が身に付く、いわば条件反射的に反応できるようになるのです。

その能力に不安があるようなら、ブルペンでバットを持たずに打席に立ってみるのもいい方法です。ストレートに目が慣れ、変化球は1球ごとにキャッチャーに球種を確かめるようにすれば、タイミングを計れるようになります。そんなにはやらない練習法ですが、私は効果があると思います。

走塁では、さらに早く判断しなければなりません。打球がヒットになるか捕られるか見極めなければならない時間は、打つよりさらに短い0・1秒。打球がピッチャーを過ぎたあたりで判断してスタートを切ることになります。こう書くと驚くでしょうが、走ることに集中するだけでいいから可能なのです。実戦を想定した練習は、打撃と走塁を同時にできるだけにキャンプでは時間を割くのです。

守備も、もちろん反射神経を養わなければなりません。打球が飛んで来れば自然に体が動きますが、私の経験では試合でエラーした翌日の守備練習では意識していないのにバウンドに合わせようとして、巧くキャッチングできないことがありました。そう思ってはいないのに打球を目で追いかけているからです。守備はバットにボールが当たる瞬間に集中するのが基本、バウンドを気にしているようではイージーゴロでもファンブルしてしまうのです。

「タイミングを合わせて動け」と指導するコーチがいますが、私がコーチになってからはそうはいいませんでした。「とにかくバットがボールに当たるところを見ていろ。そうすれば自然に打球に集中できるようになるから」――経験から得たイメージトレーニングに近い指導法でしたが、間違ってはいないはずです。

ピッチャーは投げ込み、遠投、シャドーピッチング

野球選手に限らず、アスリートはたぐいまれな才能の持ち主であったとしても下半身がしっかりしていなければその能力を発揮することはできません。想像してみてください、宙吊りの状態でバットを振ってみても、直球でさえ当てるのがやっとでしょう。変化球なら、おそらくかすりもしない。地面に両足が着いていないから踏ん張れず、バットコントロールができないからです。

ピッチャーでも同じです。どんなに上半身を鍛えたとしても、下半身がしっかりしていなければ、キャッチャーにいい球は行きません。いわゆる手投げになるだけです。ストレートは伸びを欠き変化球は曲がらず、打順が一回りすれば打たれてしまうはずで、下半身が強いことは好投手の条件でもあるのです。

そして、私が対戦した名投手の多くは腕が細く上半身はスレンダー、それなのに肩甲骨や肩の筋肉が強かった。どうやって鍛えたかというと走り込んでピッチングの土台になる下半身を作り、その後はとにかく投げ込む。投げて投げて、必要な筋肉を鍛えるわけです。

今は日本のプロ野球も、「先発は100球まででいい」とメジャー流にならって完投はおろか完封目前でも交替されるようになりましたが、先発型の目標は完投すること。ラストイニングまでマウンドに立てれば、たとえ敗戦投手になったとしても自信になります。メンタル面のプラスは計り知れず、ピンチを迎えたとしても踏ん張れる先発完投型に成長するといっていいでしょう。

先発、中継ぎ、セットアッパーそしてクローザーと分業が常識になっているとはいっても、日本の先発投手は中6日がふつう、肩を休ませる時間はたっぷりあります。球威は衰えていないのに交代を告げられ、あからさまに不満な表情を浮かべるピッチャーをよく目にします。スタミナはたっぷり残っているからです。完投できる試合なら続投させるのが先発を育てることにつながると思うのは、私だけではないはずです。

投げ込み以外にも、シャドーピッチングと遠投も有効です。タオルを水で少し濡らし、先端を丸めて腕を振るのがシャドーピッチング。広いスペースは必要ないだけに合宿所、遠征先を問わずできる利点があり、投球フォームを固めバランスもよくなります。さらに必要な筋肉を自然に鍛えられるメリットも見逃せません。

投げ込みの下準備ともいえるのが遠投です。ピッチャーは軽々と１００メートル以上、投げられます。いわゆる地肩が強いからで、遠投はその地肩をさらに強化する効果があり投げ込みの下地を作ることにもなります。ピッチャーはこれらの練習に加えてウエートトレーニングもすることになりますが、マシンで必要な筋肉だけを付けるのならまだしも、余計なところも鍛えてしまいがちです。それがピッチングの邪魔になることがあるので、ウエートトレーニングには細心の注意が必要なのです。

素振りがバッティングフォームを固めスイングスピードを養う

ピッチングが投げ込みなら、バッティングは素振りが基本です。素振りをすることでフォームが固まりスイングスピードが速くなり、さらに手首も強くしてくれるのです。「ボールを打たなければ、効果は出ないのでは」と反論されそうですが、そんなことはありません。球場や練習グラウンドでフリーバッティングやティーバッティングで打ち込んでもボールを捕らえようとするぶん、１００パーセントの力では振れません。素振りなら球種やコースをイメージしたとしても、バットを振ることが目的ですから120パーセントの力が出る。バットを振るにつれて無心になるからで、気が付かないうちに能力がアップするわけです。

私はキャンプで1日に1000本のスイングを目標にしたことがありました。フリーバッティング、ティーバッティング、マシンバッティングに素振りも含めてマネジャーに数えてもらい、100本単位でコールしてもらいました。500本ぐらいまでは「よし、1000本行けるな」と思うのですが、疲れてきてマネジャーが本数をいう前に、つい「何本になった？」と聞いてしまう。「あと8本で700です」といわれて、「よし、あと308スイングだ」と気合を入れ直したもので、5、6日間は目標を達成できたのを覚えています。

大相撲の力士は股割りと摺り足を十分やってから、四股《しこ》を1000回踏まされることもあるそうです。四股は足を上げてバランスを取るのが難しく、一般人は疲れて転んでしまうといいます。土俵上の仕切りで高々と上げられるのは、日頃鍛えているからです。四股を野球にたとえれば、投げ込みであり素振りがそれです。スポーツによって使う筋肉が異なれば、鍛え方も違うのです。

話を野球に戻すと、それほどスペースを取らないシャドーピッチングはともかく、素振りできる場所はそんなに多くはありません。シーズンの半分、遠征時の宿舎がホテルになったからで、かつてのような旅館の畳敷きの部屋だったら存分にバットを振れるのにと同情したくなります。だから合宿所や自宅に帰ったときは納得できるまでバットを振ってほしいのです。

カーブを投げさせればストレートにキレが出る

バッターから三振を取るか打たれても凡打にさせる、いわゆるウイニングショットはフォークが主流になっていますが、かつてはストレートかカーブでした。名球会入りしている名投手のほとんどがそうです。カーブは大きく曲がるか、小さく変化するかの違いはあったにしても、球種は速球との2種類だけ。その2つを効果的に投げ分けて勝ち星を積み重ねたのです。バッターはどっちかしか来ないとわかっていても打ち取られました。

カーブには縦に変化するドロップと呼ばれた球があり、これは手首が強く、かつ柔らかくなければ投げられません。変化球の種類が増えて、この球を投げるピッチャーは少なくなりました。今のカーブはスライダーに近いといっていいでしょう。

カーブはバッターを打ち取るだけではない効用があります。先発は試合前にブルペンで40、50球、投球練習するのがふつうです。ブルペンキャッチャーが半分ぐらい受けてから先発キャッチャーに交替するのですが、私がコーチのころはブルペンキャッチャーから先発の調子を聞くようにしていました。

「今日の調子はどうだ?」と聞いて、ブルペンキャッチャーが首をかしげながら「真っすぐは、あんまり走ってないですね」というと、「よし、俺が受けてみる」とキャッチャーの位置に就くのです。ピッチャーに投げさせてみると、確かに速球がピューッと来ない。返球がてら「体が重いのか」と聞いて「ちょっと重いんです」と答えたときに私が投げさせたのがカーブでした。体が軽いときはサッと投げるだけでいい球が来ますが体が重く感じるときは力が入り、それが力みになるのです。ところがカーブを4、5球投げさせるだけで力みが消え、ストレートにいつもの切れ味が戻ってきます。手首が柔らかくなるからで、V9当時のキャッチャーから教えてもらった特効薬でした。

中畑の勘違いと謝罪

DeNAの監督として球界復帰した中畑清は、サードの守備は巧いとはいえなかったが長嶋さんに似たオーバーアクションが観客受けする三塁手でした。明るい性格ではっきりものをいうからコーチの私とぶつかることもあり、スポーツ紙の1面に載ったことがありました。

甲府《こうふ》での横浜とのオープン戦。ワンアウト、ランナー3塁のピンチが3度あり、その3度とも内野ゴロに打ち取りながらバックホームがそれて、すべてホームインを許したことがありました。守備のいいファーストの駒田もミス、守備コーチである私は胃が痛くなりそうで、「いつも練習しているシーンだろう。ミットにストライクを投げれば、1点もやらないで済んでいたぞ」「練習で集中していないから試合で出るんだ。明日、多摩川に戻ったらノックは全部バックホームだ。気合を入れてやれ」と厳命しました。

そして、翌日の練習。サード中畑に「ヘイ、中畑」とノックするとバックホームの送球はとんでもない暴投になり、私の頭をかすめました。中畑は前日、オープン戦に参加しなかった居残り練習組の1人、甲府での試合後の話は聞いていなかったとはいえ集中して練習するのは当たり前のこと。グラウンドの隅に連れて行き、「練習だからって、あの返球はないだろう」と強く注意しているところを報道陣が聞いていて、「上田コーチと中畑が衝突！」と翌日のスポーツ紙の1面を飾ってしまったのです。

新聞を読んだ2人は顔を見合わせて苦笑いしただけ。わだかまりなどあるはずがなく、数日後、オープン戦に向かう新幹線の車中で中畑は「ほかの選手から聞きました。申し訳ありませんでした」と謝りました。コーチと選手が言い合うのは珍しいことではなく、その一方が目立つ中畑だったからスポーツ紙は喜んだのです。

5章

勝負強い選手にするために
コーチがやるべき仕事

コーチ業の師は藤田監督

コーチの仕事といっても一軍と二軍では、かなりの違いがあります。キャッチコピーふうにあらわせば〝一軍コーチは勝負、二軍コーチは育成〟です。一軍は選手がベストコンディションで真剣勝負に臨めるように手助けするのが役目。プロとして認められた選手ばかり、迷いがあれば相談に乗るぐらいでいい。それに比べて二軍選手は調子が悪くて一軍登録を外された選手や発展途上の若手が多い。二軍コーチは技術面も精神面も指導しなければならないのです。

コーチ生活17年間で、「コーチは何をやるべきか」を教えてくれたのは、藤田元司監督です。春のキャンプでのこと。練習メニューを藤田監督に差し出し、「第1クールの練習メニューですが、これでいいでしょうか」と聞くと一瞥《いちべつ》しただけで、「作り直してこい」とつき返されます。足りない部分があるとか指摘されたわけではなく、何度考えてみても問題があるとは思えない練習計画。どうしていいかわからずに困っていましたが、ある先輩コーチに相談して疑問は一気に氷解しました。

「これでいいでしょうか、とお伺いを立ててはだめなんだ。監督はコーチに担当分野はすべて任せているから、『このメニューでやります』『この練習は1時間取ります』と説明すれば、『1時間は長いな。30分にしてくれ』とか、はっきりいってくれる。お前を信用しているからコーチにしたんだ。自信を持って話せ」

少し手直しした練習メニューを持っていき、「これをやります」と差し出すと、藤田監督は「わかった。よろしく頼むな」といっただけでした。監督に従うのがコーチですが、確固とした意見を持ち、それをはっきり言わなければ監督から信頼されないということも教えられました。一軍守備走塁コーチだった私は、シーズンインすると藤田監督の隣ですべてのサインを出す役目を任されたのです。

コーチはつらいよ！　ストレス多い中間管理職

「監督の下、選手の上」というのがコーチの立場。サラリーマン社会にたとえれば、中間管理職にあたります。監督の方針に従いながらもイエスマンでは務まりません。部下である選手は、コーチが監督にいうべきことをはっきり言うかどうか、選手が伝えてほしいことを代弁してくれているか見ているからです。ふつうの会社で上司と部下の板挟みにあう、難しい立場であることと何ら変わりはありません。

選手にときには厳しく当たることもありますが、情熱さえあれば選手はわかってくれます。二軍や育成では、日々の仕事である練習は教えるほうも教えられるほうも真剣勝負。ノック1本でも、「へたくそ！　なんで、そんな打球が捕れないんだ」と罵《ば》声《せい》を浴びせても、「俺を巧くさせようとしてくれているからだ」とわかってくれるはずです。信念を持って仕事をしているか――プロ野球界の中間管理職に求められるものは、一般社会と変わらないのです。

昨今、サラリーマン社会では業績が上がらない社員はリストラの対象にされたりしますが、プロ野球界ではクビを切られてしまいます。1球団の選手数に上限があり、ドラフトで指名した新人と同数の選手がはじき出されます。もちろん、中間管理職であるコーチも「来期はキミとは契約できない」と球団から宣告されれば選手同様、職を失うことになります。なおかつコーチがつらい立場にあるのは、クビになる選手にそれを伝えなければならないことです。

シーズン終盤、9月ごろになると「体の状態が悪いから、手術させてほしい」と訴える選手が2、3人は出てきたものです。故障した個所を治せばまだやれると思うともに、あと1年は選手でいられるからです。生き残る方法であることは理解でき残してやりたいのですが、一コーチの意見などまず通るはずもありません。

クビになった選手でも他球団でバッティング投手になったり、メジャーリーグのマイナーチームに移籍した選手もいます。球団を去ることを報告されると、私は焼き鳥屋に連れて行くことがありました。「申し訳ない、俺に力がなかった。他の道で頑張ってくれよ」と謝まり、「次の球団が決まりました」と打ち明けられたりすると、うれしくなったものです。

育成監督当時、残念だったのは選手の中にはプロ野球の世界に入ったことだけで満足する者がいたことです。私もコーチも何とかしてやろうと教えているのに、本人がその気になってくれない。漫然と練習するだけで、指導の仕方が間違っているのかと悩んだものでした。若い選手はたとえてみれば、それこそ1日1ミリ、10日で1センチしか巧くならない。しかし、その積み重ねが一軍への道を開くのです。

守備走塁コーチは縁の下の力持ち

ライン際ぎりぎりに飛んだライナー性の当たりをダイビングキャッチしてピンチをしのぐ外野手、二遊間を抜けそうな痛烈なゴロを好捕し跪《ひざまず》いたままグラブで二塁にトスし、ダブルプレーを完成する遊撃手……守備走塁コーチとして、「指導してきたことは間違っていなかった」と選手に感謝したくなる瞬間ですが、もし外野手が取り損なってボールがフェンス際まで転がれば、ファンから「無理しなくていいのに」とため息が漏れます。遊撃手のトスがあらぬ方向にそれようものなら「格好つけようとするからだ」とブーイングが起こりかねません。

好守と拙守は紙一重。超ファインプレーで試合が決まり、その一瞬をカメラがとらえていようものなら翌日はスポーツ紙の1面を飾るでしょうが、無理に捕ろうとして失敗、それが原因で試合を落とせば戦犯にされかねません。「状況を考えれば、ヒットならいいんだ」「二塁で確実に1つアウトを取ればいいのに」と勇気あるプレーにチャレンジした野手はさんざんにいわれ、その矛先はつまるところ、コーチに向けられます。「キャンプで守備練習にあれだけ時間を割いたのに、守備コーチは何を教えていたんだ」。面と向かって言われるならともかく、ベンチで冷たい視線を感じるといたたまれなくなります。

守備コーチは走塁も担当するのがふつうです。だから、走塁の失敗も責任を負わされます。盗塁を試みてタッチアウトになれば、「スタートが悪いからだ。スタート練習させたのか」。二塁ランナーがピッチャーゴロで飛び出し二・三塁間で挟殺されると、「やっぱりな、コーチがコーチだから」となります。

それに比べて打撃コーチは、シャットアウトされてもノーヒットノーランでも食らわないかぎり責められません。「あのピッチャーにあれだけの投球をされたら、仕方がないよな」で済まされます。それでなくてもバッティングは10回に3回ヒットを打てば3割バッター、1億円プレーヤーの誕生で打撃コーチは鼻高々。ある年にはチーム打率が2割7分を超えて、報奨金をもらったこともありました。

盗塁数が少ないシーズンにはスタッフミーティングで球団の上層部から、「守備走塁コーチの責任」と叱責を受けたこともありました。守備はミスがなくて当たり前、盗塁は練習させれば成功率はアップすると思われているのです。

盗塁は身体能力に加えて選手のセンスによるところが大きいのですが、ベースランニングには走り方があり、コーチはしつこいぐらい教えます。たとえば2死二塁。前進守備を敷くレフトへの浅めのヒットでも三塁ベースをロスなく回ればホームインできます。タッチアウトになるのは三塁ベースをコーチャーズボックスのところまでふくらんで走るからです。ピッチングやバッティングに関しては解説者はあれこれと解説しますが、走塁の失敗は、「好返球でしたね」「捕手のブロックの勝利です」ぐらいで終わります。

飛ばない統一球になって、2、3点取れば勝てるようになりました。守備はミスがないのは当然、その乱れが致命傷になろうものなら、ますます守備コーチは肩身の狭い思いをすることになりそうです。

生え抜き選手こそコーチの適材

愛社精神にも通じるはずですが、今の巨人のコーチ陣を見ると生え抜き選手ではないコーチが多すぎると思うのは私だけではないでしょう。一軍から育成まで、その半数は外様コーチです。巨人で選手のスタートを切った生え抜きには球団に愛着があり、苦境に立たされれば一致団結して脱出しようとするものです。

日本のプロ野球界の先頭に立ってきた球団、生え抜きのOBに指導力のある人材はそろっています。常勝球団といえなくなったからこそ、その力を借りるべきだと思います。巨人に限らず、どの球団も指導者にOBを起用するのは愛社精神こそ躍進の原動力であるとわかっているからなのです。

２０１２年の巨人は、シーズンインする前から激震に見舞われました。前球団代表のコーチ人事を巡る確執と契約金問題です。そのせいもあってか、巨人はスタートダッシュに失敗しています。

巨人を退団した私に、マスコミから取材攻勢がありました。取り上げられていることの多くが、巨人の一員だったころに起因していただけに、何かを知っていると思われたのでしょう。電話で聞かれるならまだしも自宅にまで押しかけられ、家人も閉口したほどです。

執拗だったのは契約金問題の朝日新聞記者でした。手にした資料には、前代表が就任する以前のものが含まれていました。球団の極秘資料で、親会社の読売新聞にも報告されない機密文書が含まれ、社長と代表、それに経理部長しか手にできないものでした。巨人の関係者の多くに朝日新聞の記者は接触を試み、それらの資料を示されたと聞きました。

怒りを禁じえなかったのは選手の出身地で取材しようとしたことです。対象にされた1人が内海の母親。お好み焼き屋をやっているのですが、記者2人が張り込み、初めは名乗ることもせずに取材しようとしたというのです。「何ですか」と聞くと、「社会人のときの裏金と……」と切り出し、「こちらには、ちゃんとしたものがあります」と畳み掛ける。

「それなら、そのまま書けばいいじゃないですか。私は一切、取材には応じられません」と断ったと聞きました。取材はそれだけにとどまらず、内海に少しでも関係のある人々にまで接触し、それも社を挙げての取材攻勢だったといいます。執拗かつ陰湿。この話を聞いたとき、私はあきれ果ててしまいました。

巨人を取り上げれば社会的な話題になるからでしょうが、卑劣そのものの取材活動、社会の公器を自任する新聞社の行動とは、とても思えないものでした。

一軍と二軍の連絡役は犬猿の仲

チームメイトでも、そりの合わない選手がいます。周囲はわかっていますが、そのままにしておきます。試合になれば見事な連係プレーをやってのけ、ピンチには声を掛け合うからです。しかし試合が終われば口も利かない。プロだからチームワークだけは大事にするのです。監督やコーチであれば個人的な感情は出さずに仕事をして当然なのですが、押し殺すどころかむき出しにした人物を覚えています。

一軍がA監督、一軍コーチの筆頭格がBコーチ、そして二軍がC監督で、BとCが犬猿の仲だったのです。一軍と二軍の選手の入れ替えは一軍のヘッドコーチ（不在時は筆頭格のコーチ）と二軍監督が連絡を取り合って決めるのがふつうですが、その2人が不仲ではスムーズに行くはずがありません。しかたがなくA監督が直接、Cに連絡していました。A監督の仕事が増えることになり、苦々しく思っていたはずです。BとCの仲の悪さを知ったのは、二軍でBが監督、Cがコーチだったときです。私も二軍コーチの1人、2人が話さえしなかったからわかったことで、練習に支障をきたさないように気を使ったものでした。

その後、A監督とBコーチが退任して、新監督の下にヘッドコーチも置かれ、これで一軍と二軍の関係も正常に戻るなと思ったのですが、そうはうまくいかなかった。新体制で二軍監督に留任したCと一杯やる機会があり、「二軍の首脳陣が替わりましたから、連絡も取りやすくなりますね」と言うや血相を変えて、「ばかやろう、大事なことは監督同士で話すものなんだ！　ヘッドが間に入るもんじゃない」と怒って、勘定も払わないで帰ってしまいました。あとで2人を知る人物から教えてもらったのですが、Cと新たなヘッドは高校時代からライバル関係にあり、仲が悪かったというのです。

野球人の中でもCは特異なキャラクターの持ち主。Cはその後、一軍監督が替わると一軍のヘッドコーチに昇格、後任の二軍監督とは何事もなかったかのように連絡を取るようになります。フロントが指導者として能力があると認めたから在籍していたのですが、気分しだいで振り回される周囲はいい迷惑です。人間関係も調べて選んでほしいと思ったものでした。

実は審判の判定には癖がある

「ボール」と判定されて、ピッチャーが「えっ、えっ、えーっ？」と目をひん剝《む》いてマウンドから5、6歩、ホームベースのほうに歩いてくるシーンがよくあります。自信を持って投じた1球だからで、これは10球中10球、ストライクです。バッターもそうです。外角低めのきわどい球を見送って「ストライク！　バッター、アウト！」とコールされて、ズルッとコケそうになったときは、間違いなくコースを外れています。

ピッチャーもバッターもプロ、ストライクとボールを見極めるのが仕事です。もちろん、審判もプロですがベースの端を1センチかすめた球を、一瞬のうちに判断するのは不可能に近い。それを正しくストライクに取るか、ボールとするかは審判によって違います。高低もそうで低めに甘いか辛いかで差があり、それらすべてを含めて審判の癖なのです。

選手がクレームを付けたとしても、判定が覆ることはありえません。審判も人の子、何度も文句を付ける選手は審判の心証を害することになり、さらに不利になりかねません。それよりも癖を見抜いて対応するのが賢明です。見方を変えれば癖は個性でもあります。「この審判はインコースは取らなかったな。よし、それなら、今日は外角に狙いを絞ろう」。臨機応変であってこそ、プロなのです。

２０１１年シーズンからセ・リーグとパ・リーグで使用するボールが統一され、審判もセとパの隔てがなくなりました。それと同時に、選手に聞くとストライクゾーンが広くなり、外角はボール１、２個外れていてもストライクとコールされるようになったといいます。メジャーリーグ基準に近くなったのであり、バッターは克服するしかないでしょう。

会話しだいで判定が変わる？

今はあまり見かけなくなりましたが、バッターがバッターボックスに入る前に審判に何か話しかけることがあります。「今日はよろしくお願いします」程度の挨拶をしているのですが、かつてはもっと言葉が交わされました。

私が、その日の初打席で帽子を取って「こんにちは、ご無沙汰《ぶさた》しています」と頭を下げると、「おっ、元気だったか」。すかさず、「ここんとこちょっと、調子悪いんですよね」とトーンを落としていうと、「よし、任せておけ」。

すると、アウトコースに手が出ない球が来て見逃し「これはストライクだ」と思っていると、「ボール」と判定してくれる。甲子園球場の阪神戦で、キャッチャー田淵は三振と確信した球をボールとコールされても、「デキてるから、しょーがねーな」とつぶやきながら審判に抗議をしなかったときは、「挨拶しておいてよかった」と思ったものでした。

ところで、審判は50歳代が珍しくないのに、メガネをかけていません。イメージが悪くなるからです。視力が衰えても、今はコンタクトレンズをはめれば済むのでしょうが昔はそうはいかなかった。飛行機の機長がそうであるように裸眼でなければならなかったからで照明が入っているといっても、ナイターは見えにくかったはずです。

広島で試合が終わり、同僚と食事をしようと夜の街に繰り出したときのことです。

私服に着替えた審判3人を見かけ、そのうち54、55歳の2人は近視用か遠視用か、それとも遠近両用かはわかりませんでしたが、メガネをかけていました。打球の判定を巡ってゲームが中断したのは、審判がどの位置で打球を見たかもあるでしょうが、視力の影響もあったと思います。

後楽園球場での阪神戦、0－1で完封負けを喫したゲームでのことでした。1回裏1死、2番だった私はライト線ぎりぎりにライナー性の当たりを打ち、一塁審判が「フェア」と判断したのを見て三塁に滑り込みました。ところがライト審判はファウルの判定。川上監督が猛抗議しましたが外野審判が判定者とされ、打ち直して凡打に終わります。もし1アウト三塁だったら3、4番は王と長嶋、試合はどうなっていたかわからなかったはずです。ビデオ判定が導入されていなかったころとはいえ、あのときのライトの線審も50歳を超えていました。

掛け合い漫才？　松五郎vs長五郎

今はそれほどでもありませんが、私が現役のころは両軍ベンチからよく野次が飛び交ったもので、気の利いた野次なら笑いが起きたりもしました。きわどい判定に審判が野次の対象になることもありましたが、それには手痛いしっぺ返しを食らうことも覚悟しなければなりません。審判は背中で聞いていて誰が野次ったか覚えているからで、その選手がたとえばピンチヒッターに立ったときには、きわどいコースをストライクにされても文句をいえるはずがありません。

野次で忘れられないのが、横浜球場で起きた長嶋監督と松橋慶季《まつはしよしき》主審のやりとり。松橋主審は判定するときの派手なアクションと目の大きさに愛嬌があり、「松っちゃん」の愛称で選手やファンに親しまれていた名物審判でした。だからつい、ベンチにいると軽い気持ちで野次りたくもなるのです。

長嶋監督はいつも親しみを込めて「松五郎、松五郎」と呼んでいました。この試合では若い選手からの野次が多く、松橋主審はカッカしていたのでしょう。長嶋監督が微妙な判定に、「こらっ、目をあけてしっかり見ろ、松五郎！」といったからたまりません。ピッチャーが投球動作に入ったのも構わず、「タイム」。三塁側ベンチに歩いてきて、「今、『目をあけてしっかり見ろ』と野次った奴は誰だ！」と怒鳴るや、すかさず「俺だ、松五郎」と長嶋監督が堂々と名乗り出ました。

それに松橋主審が「何を、この長五郎が！」とやり返したのです。この2人は、気心の知れた仲。怒っているというより、松五郎と長五郎が掛け合い漫才を演じているようなものです。笑いをかみ殺すのに必死だった選手も大笑いして、一気に雰囲気が和《なご》んだものです。

相手チームにしても審判にしても、1シーズンに何度も顔を合わせる間柄です。野次はほどほどにしておくほうがいいのですが、息の合う2人なら緊迫した試合の清涼剤にもなるのです。

選手の指導に球団の垣根はない

他球団の選手でも「教えてください」と頭を下げられれば、指導しないコーチはおそらくいないでしょう。指導したことで技術が向上するようなら球界のレベルアップにつながるからで、「敵に塩を送るようなことはできない」というような料簡《りょうけん》の狭い指導者は日本のプロ野球界にはいないと私は信じています。優れた技術は球界の財産であり、それを伝えるのは野球人の義務でもあるからです。球団を超えて自主トレをしてもどこからも文句は出ず、オールスターでピッチャーが変化球の握りを教えるのも、それが選手同士では自然なことだからです。

一軍コーチとして広島に遠征したときのことでした。試合前の練習はホームチームとビジターチームがかち合わないように、それぞれ時間が決められています。巨人の練習時間が近づいてサードベースのそばを通りかかると、広島の三塁手、江藤智《えとうあきら》に「上田さん、ちょっといいですか」と呼び止められました。「ライン際の打球、逆シングルのグラブの出し方がしっくりこないんです」といい、ノッカーにライン際にゴロを打ってもらいます。2、3本見ていると修正すべきところがわかりました。目線と構えたグラブの位置に少し距離があったのです。

「逆シングルで捕球するとき、目線が離れているからじゃないか。それではイレギュラーすると捕れないだろう」と身振りも交えて説明しました。江藤は納得できたようで帽子を取って「ありがとうございました」とお辞儀し、私はウォーミングアップを始めている巨人ナインのほうに歩き出しました。

時間にして、ほんの4、5分。ポイントしか指摘していませんが、江藤は理解してくれたと思います。広島のコーチが教えているはずでも、他球団のコーチがどんな教え方をするのか江藤は聞いてみたくなったのか、あるいは私が試されたのかもしれません。江藤はのちにFAで巨人に移籍、今は巨人の一軍コーチを務めています。

試合前の守備練習はノッカーの〝ショータイム〟

守備コーチはノックを打つのも仕事です。キャンプでは1日に1500本は打ったはずです。シーズンインすると試合前の守備練習は欠かせないメニューで、このときはいつもより緊張します。相手チームの守備コーチである、〝同業者〟が見ているからです。そのために、目をつぶっていても狙ったところに打てるように、時間があればノックの練習をしたものです。

マスコミの記者10人ぐらいと私がどれくらい正確にノックできるか、昼食をおごる賭けをしたことがありました。タオルで目隠しをした私が外野にノック。10本中8本か9本、指定したところにフライを上げれば私の勝ちという賭けでした。結果は私が勝ち昼飯をおごらせましたが、そのあとでコーヒーや食事をごちそうしてお返ししたのはいうまでもありません。

何千回、何万回もノックしていると、目をつぶっていても上げたボールの位置は体が覚えていて、打ち分けられるのです。難しいのはフェンス際で外野手がジャンプして捕れるかどうかのフライ。これだけは10本中8、9本とはいかない。2本に1本、狙ったところに上げられるかどうかでした。

ノックの仕上げに、一塁側のカメラマン席に飛び込んだファールフライを捕らせる練習をさせたのが一塁を守っていた駒田徳広でした。打球によっては体ごとカメラマン席に落ちることも覚悟しなければならない危険なキャッチング。守備に自信がない選手にはこの練習はさせませんでしたが、打つだけではなく、守備も一流だったのが駒田です。

「おい、駒、行くぞ」とスタンドのほうを向きながら声をかけると、駒田はわかっていて、「へい、カモーン」。せいぜい2、3本ですが、ノックが巧く上がり、カメラマン席に上半身が消えた駒田がファーストミットを高々と上げると、観客席から歓声とともに拍手が沸き起こったものでした。

守備練習の最後の見せ場は、内野手がバックホームした球を捕手から受け取り、真上に高々と上げるフライ。３本ノックするのがふつうで、１本でも失敗すると観客から「なーんだ」と失笑されかねません。私が主役の１人でもあるショータイム。このときは気合を入れてバットを振ったものです。

球場での打撃コーチはただの時計係

コーチの中でシーズンインすると出番が少なくなるのが、打撃コーチです。

キャンプでは時間がいくらあっても足りないほど、仕事が山積しています。それも指導の仕方は選手１人ひとり異なりますから、話し合いをしながら課題をあぶり出さなければなりません。インコースに詰まるのはなぜか、変化球の打ち方、打撃フォームで修正すべき点、左バッターなら対サウスポー対策——と、挙げていけばきりがないほどです。そのために個人別の練習メニューを作りますが、シーズンに入ると、たとえ気になる部分を見つけてもまず指摘はしません。それを選手に伝えたために調子を崩してしまうことにもなりかねないからです。

試合前の練習で打撃コーチがやるべきことは、打撃練習の時間を計ること。1人平均7、8分、長くて10分と限られているからです。レギュラークラスは何をやるべきかわかっていますから、バッティングゲージの後ろでストップウォッチを手に時間になると、「はい、交代」というだけ。アドバイスしていいのは一軍に上がってきたばかりの新人ですが、それでも「変化球も打っておけ」とか「ライト方向のバッティングを忘れるな」程度しか、いいません。それでなくても緊張しているのが新人。細かすぎるアドバイスは、混乱させてしまうことがあるからです。

ピッチャーが不安定なピッチングをすると、ブルペンと頻繁に連絡を取らなければならない投手コーチに比べると楽な役回りではありますが、そのぶん、手持ち無沙汰を感じたりもするのです。

巨人に多すぎる外様コーチ

今の巨人には、現役のころに巨人でプレーしたことがないコーチも就任しています。騒動を起こして巨人を去った例の元球団代表が、「外（巨人以外の球団）で飯を食って苦労しているだけに、教え方も確かだ」と招いたのですが、果たしてそうでしょうか。巨人OBのある重鎮がマスコミをシャットアウトした席で、「巨人には、有りあまるほどの人材がいる。それなのになぜ、外部からコーチを呼ぶのか」と憤っていましたが、私も同感です。

球界の盟主とはいわないまでも、かつてドジャース戦法をはじめ新たな戦術や練習方法を率先して日本に導入したのが巨人。他球団がそれらを取り入れたから日本のプロ野球はレベルアップ、メジャーで活躍できる選手を育て、WBC2連覇に結実したといってもいい過ぎではないはずです。手前味噌ではなく、巨人OBが巨人でコーチを経験してから新天地で指導するのは当たり前のことでした。

監督が替わればコーチ陣が一新されるのは球界の常識ですが、コーチとしての手腕より大学の同期のように気心の知れた仲間で固めることがよくあります。以心伝心、あうんの呼吸でチームをまとめられると思うのでしょうが、成功した例は多くはないはずです。遠慮や甘えが生じていいたいこともいえなくなり、首脳陣の関係はぎくしゃくし、チーム力の低下も招きかねません。

原監督はコーチ人事は球団の決定に従うタイプ。2011年のオフに江川卓のヘッドコーチ就任案が持ち上がりましたが、実現していたとしても動じなかったでしょう。ヘッドコーチは監督とコーチの間に立って調整役になるのが仕事。監督の方針をコーチに説明し、コーチがいいにくいことを監督に伝えるのです。選手の指導は専任コーチの担当であり、現役当時は実績があったとしても口出しは越権行為になりかねません。

それに何より江川が入閣していたとしても、コーチ業は初めて。先輩でもある原監督が少なくとも2年間はコーチとは何をするのかを教えたはずです。江川もたとえば投手陣の練習に参加し、投手ミーティングに出席してコーチがどのような話をするのか聞くうちに「コーチとはこんなことをしなければならないのか」とわかります。コーチに意見をできるとすれば、コーチと選手を理解してから。そうなれば、「私なら、こうしたほうがいいと思う」と提案しても角は立ちません。野球に接しているといっても、評論家とコーチではそれほど違いがあるのです。

今季から横浜ＤｅＮＡの監督として球界に復帰した巨人ＯＢの中畑清は長嶋監督のもとで打撃コーチを務め、２００４年のアテネ五輪では病に倒れた長嶋監督にかわって指揮を執った経験があり、キャリアは十分といえます。私はコーチとして中畑を教え、ちょっとした誤解から衝突してスポーツ紙のネタにされたこともありましたが、彼はムードメーカーで繊細な性格の持ち主です。戦力的に厳しいでしょうが、来期は指導者としても力を発揮してくれると期待しています。

時間を持て余したベロビーチキャンプ

日本とアメリカでは、シーズン前のキャンプの練習は天と地ほどの差があります。何より違うのが練習時間。アメリカは午前10時に始まって、わずか2時間半、12時30分には終わります。それもチームプレーと全体練習にほとんどの時間を割き、そのあと練習するかどうかは選手任せ。打ち込むかランニングするだけの選手もいますが、さっと着替えてゴルフに行く選手もいます。キャンプインするまでに自分で体を作っておくのは常識になっているからで、メジャーに在籍する日本人選手が、「もう、いつシーズンインしてもいい。1年を戦い抜く体はでき上がっています」とコメントするのは、そんなアメリカ野球に合わせているからです。

1975年、定岡正二や西本聖が入団した長嶋監督の1年目に、アリゾナ州のベロビーチでキャンプしたときのことでした。暑いところで長時間、体を動かすのは厳しいが、それにしてもメジャー流に2時間半では短すぎます。しかも練習グラウンドは間借りで、バッティング練習したくてもメジャーの選手がゲージに入っていれば、私たちはできません。だからシャワーを浴びて昼食を摂ると、まだ午後2時を過ぎたかどうかでもうやることがなくなります。仕方がなく、球場に近い川のほとりで選手といっしょに、ぼーっとしていたものでした。

また、メジャー球団とのオープン戦は結構組まれていましたが試合前の練習は短く、試合が終了すれば、はい終わり。日本ならオープン戦でも試合後、マシンぐらいは使えるのにそれもできず、「もう少し練習したい……」と思ったのを覚えています。グアムキャンプも昼間は暑いため、夕方から照明を入れて午後8時ぐらいまで練習したことがありましたが、この年、最下位に沈んだのはベロビーチキャンプの影響がなかったとはいえないでしょう。日本の野球には日本流の練習法がある、と痛感したものでした。

巨人が活躍するメジャーリーガーをスカウトできない理由

アメリカと日本の違いはいろいろありますが、私が何度か渡米して「これがアメリカか」と実感したのが国土の広さ。日本で正午といえばどこでもそうですが、アメリカ本土には4つの標準時があり、ヤンキースの本拠地、東海岸ニューヨークが午後6時なら、ジャイアンツがある西海岸は午後9時。プレーボールに3時間の時差があることになり、たとえばニューヨークの野球ファンなら寝不足覚悟でその気になればどっちの試合もリアルタイムでテレビ観戦できるわけです。標準時が1つしかない日本とは大きな違いといっていいでしょう。

アメリカにはメジャーだけで、ナショナルリーグとアメリカンリーグ合わせて30球団あります。その上、下部組織には3A、2A、1Aさらにルーキーリーグがあります。日本は一軍、二軍と05年から育成選手制度が導入されましたが、アメリカに当てはめれば2Aまでしかないことになります。

私がスカウトだったとき、1カ月間、アメリカのキャンプ地巡りをしたことがあります。視察したのは多くの球団がキャンプを張るフロリダとアリゾナで、そのとき同行してくれたのがアメリカ球界に顔が利くリチャード瀬古さんでした。巨人にメジャーリーガーを多数紹介したアメリカ担当のスカウトとして知られていますが、現地で驚かされたのはリチャードの顔の広さ。どこへ行っても、そのチームのコーチどころかGMまでが、「元気にしていたか」「顔を見せるのは久しぶりだな」「いつまで、こっちにいるんだ」と次々に声をかけるのです。なるほど、いい選手を日本に連れて来られるわけだ、と納得させられたものでした。

日本のスカウトもそうで、ドラフト候補選手を調査するのが仕事ですが、それと同じくらい大切なのが人脈作り、つまり情報源を持つことです。どこの球団のスカウトも高校に大学、さらに社会人や地域リーグまで担当していますから、すべてをカバーしきれるはずがありません。ただし、信頼できる情報源を持っていれば「地区大会で敗退したけど、○○高校のピッチャーは将来性がありますよ」とか連絡してもらえます。

情報源の多くは高校の監督をはじめ、その地域の事情に精通する人物。甲子園とは縁のないチームから毎年のように有望選手が球界入りするのは、情報源によるものなのです。ここ数年、巨人ではアメリカ球界から移籍してきた選手は残念ながら目立った活躍はしていませんが、かつてのリチャード瀬古さんのような人材をアメリカ駐在スカウトに据えられるようなら解決できるのではないでしょうか。

6章 野球を愛する人々へ

江川は入団していなかった？

江川卓が巨人に入団するきっかけになった1978年の「空白の一日」を知るのは、当時、秋にも行われていたオープン戦、静岡の草薙《くさなぎ》球場での試合中でした。コーチ1年目だった私は、「それはよかった」と思った程度でしたが、この話はその後、契約無効とされ一度は白紙に戻されることになります。

仕切り直しの形で巨人入りを実現させたのが、巨人ファンだった金子鋭《かねことし》コミッショナーの裁定。ドラフトで交渉権を得た阪神に入団させてから、巨人にトレードさせるというものでした。

翌年の1月15日前後だったと記憶していますが、当時の多摩川グラウンドにクラブハウスと呼ばれていた着替えのためのプレハブがあり、そこで長嶋監督と一軍のコーチが集まってスタッフミーティングを開いているときでした。江川の話題になり誰が言うともなく、「それにしても阪神は、江川とのトレードで誰がほしいのか、伝えてこないらしいな」となりました。

キャンプがスタートする1月31日がコミッショナー裁定の期限。そろそろ打診があってもいい時期でした。当時の阪神の球団代表は〝オズの魔法使い〟ともいわれた交渉上手の小津正次郎《おづしょうじろう》さん。巨人の長谷川実雄代表より一枚も二枚も上手で歯が立たないのではとなり、「阪神があんまり強気なことを要求してくるようなら、江川はいいよ」とまで話しました。

阪神から連絡が入ったのは、1月30日の夜。阪神が江川との交換要員に指名したのは小林　繁《こばやししげる》。翌31日には球団スタッフと選手はキャンプ地に入らなければならなかったので、実質的に期限ぎりぎり。本来であれば監督やコーチの意向も聞くのですが時間的にその余裕があるはずもない。長谷川代表から長嶋監督に電話で連絡が入ったとき、私は長嶋監督とキャンプの打ち合わせをしていたのですが、あの陽気な監督の顔色が変わるのを見て電話の内容を察知できました。

「うーん、小林か」とつぶやいてから、「しょうがない、小林とのトレード、お受けしよう」。それまでの3シーズン、小林は18勝、18勝、13勝して押しも押されもしないエース格の1人でした。江川が怪物と騒がれていたといっても、プロでは未知数。チーム内ではエースだった堀内恒夫をトレード相手に指名するようなら、「この話はなかったことでいい」が大半の意見でした。巨人と江川が悪者になることはわかっていましたが、それぐらいの気概はありました。

小林にトレードが伝えられるのは、キャンプ地の宮崎に向かう羽田空港。私は小林が2010年に急死するまでプライベートな付き合いがありましたが、「トレードは寝耳に水だった」と打ち明けられたのを覚えています。阪神で巨人キラーになったのはこんないきさつがあったからこそであり、小林のプロとしての意地だったのでしょう。

江川を落胆させたナゴヤ球場のスピードガン

スピードガンが当たり前になった今はもう笑い話ですが、導入されたばかりのころは誤作動することがよくありました。それを逆手にとって〝誤作動させた〟としか思えないこともありました。ターゲットにされたのは江川。ピッチャーは会心のストレートを投げると手ごたえを感じます。打者を空振り三振に斬って取ろうものなら、マウンド上で「どうだ！」とばかりに胸を張るものです。今ならスコアボードを振り返って、「うん、うん」と自分の球の速さに納得する得意満面のシーンです。

オールスターでパ・リーグの並み居る強打者を相手に8連続三振を記録したこともある江川の売りは快速球。日本で最初にスピードガンを導入したのがナゴヤ球場で、その表示板は左中間スタンドの最上部に設置されていました。江川はストレートで空振りさせるたびにパッと振り向くのですが、その度に首をかしげてがっくりうなだれます。球速150キロ以上だといわれていたのに、「今度は速いな」と思っても138、9キロ。ところが中日の鈴木孝政《すずきたかまさ》が投げると144、5キロ。鈴木も確かに速球派だったのですが、ベンチで見ていても明らかに江川のほうが数段速かった。

球速は初速と終速でかなり違います。確認してはいないので推測ですが鈴木は初速、江川は終速と、計測のタイミングをずらしたのではないでしょうか。敵のピッチャーが自軍のピッチャーより速いとわかれば、選手の士気にも影響しかねません。プロですから心理作戦の1つといっていいのですが、それにしてもナゴヤ球場で江川がマウンドに立つといつも首をかしげていたシーンが、今も目に浮かんできます。

ドラフト候補は200人

1つの球団がドラフトで指名するのは育成選手を含めても多くて14、15人ですが、最初にリストアップされた選手は200人を超えていたはずです。そして、その年のドラフト会議が終わるとすぐに、翌年に備えた作業がスタートします。

ドラフト会議の前に行われる高校の秋季大会と大学のリーグ戦、それと並行して社会人2、3年目の有力選手をチェックするのです。その数が約200人で、この時点でポジションごとに特A、A、B、Cのようにランク付け。それを元に翌春、高校は春の地区大会、大学は春のリーグ戦が終了する5月ぐらいまであらためてチェックし、社会人を含めて100人前後まで絞り込むことになります。

絞り込みが終わると、6月に初めて監督に説明する会議が開かれます。チームの補強ポイントを聞いて希望に添いそうな選手を挙げ、スカウトが1人ずつ説明します。「社会人の即戦力候補は誰と誰。投手ならこの選手です」というようにです。もちろん、大学生や2、3年後の戦力として期待できる高校生も、他球団との競合、くじ引きになる可能性も含めて伝えます。

7月から8月の夏の甲子園大会まで、スカウトは担当地域の高校生を中心に追いかけることになります。地方予選で敗退すれば3年生は試合にも練習にも出てこなくなるから、気は抜けません。そして夏の甲子園が終わると、高校生で残るのは30、40人になり、ランクを付け直します。大学生と社会人は9月からの大学のリーグ戦と社会人の試合をチェックします。大学のリーグ戦は10月まであり、それが終了するまで待っていては間に合わなくなるから、リーグ戦の最中でも候補選手を決めてしまいます。大学生と社会人でリストアップするのは30人ぐらい。高校生と合わせると最終的な候補を60、70人に絞ってから監督と2度目の話し合いが行われ、指名順位が決められます。

指名上位は即戦力が多く、1位候補だけでも5、6人はほしいのですが、そこまで揃えられる年は珍しい。たとえば1位を3人用意したとしても、全員くじ引きになり、外れることも考えておかなければなりません。あらゆるケースを想定すると5、6人必要になるのです。

競合しそうな選手とは別に、単独指名が可能な選手のリストも作ります。将来性を買う高校生が多く、他球団も3、4位で狙っている素材であれば状況次第で外れ1位で指名することもあります。上位に評価するわけで、これが〝隠し玉〟といえるかもしれません。

スカウトは知っている他球団の指名順位

指名候補を決めれば、選手サイドに挨拶に出向きます。選手サイドというのは選手本人と接触するのは禁止されているからで、会うのはその選手が所属するチームの監督です。このとき、必ず問われるのは何位で指名するか。「1位か2位で……」のようなあいまいな返答は許されず、1位なら1位とはっきり答えなければなりません。監督は「1位はあなたのところで4球団目だな」と球団名を1つずつ挙げますが、実はスカウトはどの球団と競合するかは、もっと前にわかっています。

担当地域が同じスカウトは球場に行くとみな顔を揃えています。宿泊するホテルも同じことが多く、食事もいっしょに摂り、酒を酌み交わすこともある。毎日のように顔を合わせるわけで、気心は知れているのです。食事の席では自然にドラフトの話になり「うちは今日の選手は4位で行く予定だけど、そっちは?」と切り出すと、「私のところは3位かな」と答えが返ってきます。いずれはわかることで誰もウソをつくはずがない。貴重な情報交換の場でもあるのです。

スカウトが緊張するのは社会人、大学、高校の監督に指名順位を伝えに行くときです。候補選手を全員1位といえれば気は楽なのですが、それは望むべくもないこと。1度指名順位を明かせば変更できないのが不文律になっているからです。また、「4位でお願いします」と伝えると顔を曇らせる監督もいますが、内心は「この選手は5、6位がいいところ。指名してくれる球団があっただけ、よかった……」と思っているもの。選手の実力を一番知っている監督、順位に不満を表すのは入団条件を少しでも良くしようとするからであり、それがひいては監督の評価につながるからです。

スカウトが集めた情報をもとにして最終的な結論が出されますが、その年の事情によっては緊急に会議を開くこともあります。長嶋監督のときで場所は関西遠征の宿舎、芦屋の竹園旅館最上階の一室、午前11時でした。東京から球団代表が駆けつけ、監督と一軍の全コーチが集まり話し合いの末、「よし、これで行こう」となりましたが、会議のテーマは今も明かすことはできません。

スカウトにはつらい強行指名

選手によっては何年もかけて、ドラフト指名まで漕《こ》ぎつけることがあります。戦力の均衡化が狙いのドラフト制度の主旨に反しているかもしれませんが、残念なのは毎年のように強行指名による、選手にも球団にも不幸なことが起きることです。

忘れようにも忘れられないのが、オリックスのスカウト部長だった三輪田勝利《みわたかつとし》さんのことです。オリックスが指名しようとした新垣渚《あらかきなぎさ》はダイエー（現ソフトバンク）以外なら大学に進学すると明言していたのに、オリックスが強行指名、ダイエーとのくじ引きに勝ち交渉権を得たまではよかった。いや、それが不幸の始まりでした。

三輪田さんと私は同い年で仲が良くドラフト会議の前、新垣の話題になると「無理だよ。新垣はダイエーしか行かない。球団ともう1回、話してみたら」といったものです。「何度も説明したけど、わかってくれないんだ。〝難しい選手を翻意させるのがスカウトの仕事だろう〟といってな。それに比べて、お前はいいな」と嘆く。巨人はこの年、逆指名で上原浩治《うえはらこうじ》と二岡智宏《におかともひろ》が決まっていました。2人は大学生、新垣は高校生で自由競争だったのです。

三輪田さんと最後に会ったのは、自ら命を絶つ1週間前でした……。

中日が指名した森野将彦《もりのまさひこ》を見送った理由

ドラフトの指名候補にリストアップしても、そのときの強化方針に合っていなければ指名を見送ることがあります。中日で中軸打者として活躍する森野将彦はその1人でした。

1996年、私のスカウト生活がスタートした年に担当地区だった神奈川県の東海大相模高校の遊撃手。バッティングがよく春の選抜大会に出場していますから、多くの球団が目を付けていました。高校のグラウンドにも通いましたが、気になったのがその守備。サードかセカンドならともかく、ショートでは使えないと判断したのが指名しなかった理由の1つでした。

プロ入りするまではショートストップだったのが、二塁手や三塁手に転向させられるのはプロが要求する守備力に応えられないからです。ショートは内野では守備位置がもっとも深く、しかも三遊間から二塁ベースを越えたところまでカバーしなければなりません。肩が強くフットワークもよくなければ務まらないポジションなのです。フットワークがいいというのは俊足の持ち主であるということ。ミスター長嶋がそうだったように、サードは足が速くなくてもいいのです。

日本はショートでは肩が弱いから二塁手にとなるが、メジャーリーグはそれだけでは済みません。二塁手はゲッツー、ダブルプレーを完成させることを要求されるからです。それにはどんな体勢からでも一塁に正確に送球できなければなりません。メジャーリーグのプレーで二塁手が滑り込んだランナーに倒されながら一塁に送球したり、横っ飛びでキャッチして振り向きざまに投げられるのはショートに負けず劣らず肩が強いからです。今は楽天に籍を置く松井稼頭央は西武時代は不動のショートストップと讃えられながら、メジャーリーグでセカンドに回されたのは肩がメジャーリーグ基準では不合格だったからでしょう。

ところで森野は中日1年目から一軍出場を果たし、6、7年目にはレギュラーの座を確保しています。ショートも守りますが、サードが定位置になっているのは肩のせいでしょう。それより驚くのは内野はピッチャーとキャッチャー以外は経験しているだけではなく、外野も守れるユーティリティープレーヤーの時期があったことです。チーム事情もあるでしょうが、ここまで器用な選手に成長するとはスカウト1年生の私は見抜けませんでした。大成する選手を発掘することは、それほど難しいのです。

隣の芝生は青く見える

プロ野球界でも「隣の芝生は青く見える」ことが、よくあります。見ているだけでなく、少し芝生をもらって自分の庭に植えてみることも珍しくありません。ところが、十分、水もやっているのに、そんなにしないうちに枯れてきて……だから隣の芝生なのですが、他山の石とはできず、毎年のようにどこかの球団で繰り返されています。

長嶋政権で、日本シリーズで対戦した左腕に完膚《かんぷ》なきまでに抑えられたことがありました。監督はその左腕にほれ込み、シーズンオフに首尾よくトレードで獲得したまではよかったのですが、ローテーションの1人として投げさせても結果は出せず、中継ぎでもピリッとしない。ついには敗戦処理に回さざるをえなくなりました。「この程度のピッチャーだったのか……」。オーバーアクションで知られるミスターの落胆ぶりに声もかけられませんでした。

中日のクローザー、岩瀬仁紀に度々抑えられたときも、「あのピッチャーはいいな。うちはどうして取らなかったんだ」と問われたことがありました。「監督、岩瀬（のドラフト）の年は、二岡（智宏）と上原（浩治）だったんですよ」と説明して納得してもらったものです。

私自身も、隣の芝生をつくづく痛感させられた経験があります。

アメリカのオールスターチームとの戦いで、全日本のコーチを3試合務めたときでした。全日本はパ・リーグから西武の清原や野茂英雄《のもひでお》、セ・リーグではヤクルトの池山隆寛《いけやまたかひろ》と広沢克実《ひろさわかつみ》らが加わる錚々《そうそう》たる陣容。「このメンバーで戦えるのなら、3つのうち2つは勝てるな」とわくわくしたものでした。ところが……。

最初の試合、サードコーチャーの私は「今日はノーサインで行く」と宣言。力のある選手ばかり、好きなように打たせれば楽勝だろうと思っていると、あれよあれよの凡打の山。アメリカのピッチャーに手も足も出ないのです。パ・リーグの選手はともかく、セ・リーグの、とくにバッターにはシーズン中、何度も苦渋を味わわされていました。ロングヒットは出なくても、連打で崩してくれるだろうと期待したのにそうはならなかったのです。

　必勝を期して臨んだ3戦目では勝ちを最優先して「今日はサインを出すかもしれない。これがエンドラン、バントはこれ」と伝えると、「わかりました。勝ちましょう」。ナインのやる気が伝わってきました。

　ノーアウトでランナー一塁、3ボール1ストライクでエンドランのサインを出したときでした。そんなにコントロールのよくないピッチャーでボールなら見逃せば一、二塁とチャンスが広がります。打席に立っているのは球界を代表する好打者。「悪くても、二塁にランナーは残るな」と計算して見ていると、とんでもないボールに手を出して空振り、おまけにランナーはセカンドでタッチアウト。一瞬にしてチャンスは消えました。そして、終盤ではバントのサインにまた空振り、おまけに一塁ランナーが飛び出して併殺されたときは、開いた口がふさがりませんでした。
「ほんとうにレギュラーシーズンで、うちを苦しめた選手なのか」。まさに隣の芝生だったのです。

シーズン中のトレードは緊急事態

主力選手の故障などで、シーズン中に急きょ、穴埋めできる選手をトレードで取らなければならないことがあります。チームにとっては緊急事態ですが、球団フロントにはいつでも現場からの要望に備えて、他球団で移籍可能な選手を調査している部署があります。巨人では国内でのトレードを担当する編成部がそれ。対象の多くはパ・リーグ、一軍のベンチに入っていておかしくないのに二軍に落とされている選手です。二軍にいるのは不調が原因なのか、それともどこか故障しているからなのか。1、2度見ただけでは判断できるはずがなく、何度も調査することになります。

私は原監督から2年間、監督の要望でチーフスカウトとしてスカウト部に籍を置いたまま、監督付きの編成部調査役を務めたことがあります。兼務ですから単純に仕事は倍増します。たとえば、関西に出張すると昼は高校野球と藤井寺球場でウエスタン・リーグの試合を見て、夜はヤフードーム。しかも、1週間に1度は原監督に報告するのも仕事でした。

監督から「こんな選手がほしい」と依頼されてから調査するのでは間に合うはずがありません。いつでも条件を満たす選手を準備していました。幸い、この2年間はトレードの必要はありませんでしたが、私にはもっとも忙しい2年間でした。

バント守備に3つのサイン

守備のサインだけでも15、16種類あります。得点差、バッターが右か左か、ランナーの足の速さなど、すべてを頭に入れて総合的に判断することになります。説明しやすい例はバントシフトでしょう。ノーアウト、ランナー一塁か、ランナー一、二塁のピンチで相手チームが間違いなく送りバントを狙ってくるケースで出すのが、〝100パーセント〟というサイン。バッターがバントすることを前提に、ピッチャーが投球動作に入るとともに一塁手と三塁手がホームベースに向かって一気にダッシュする守備体系です。

バッターがバントの名手であったとしても、このシフトはかなりのプレッシャーになります。ストレートがど真ん中にきたのなら打球を殺してうまく転がせるでしょうが、そんなバントをしやすい球を投げるわけがありません。変化球だったり、コースもぎりぎりの球だったりするからです。バントシフトはランナー一塁なら二塁で封殺、一、二塁なら三塁に進塁させないのが狙い。一、二塁のケースで二塁手が二塁ベースに入ってピックオフプレーのサインを出すこともあるのは、それだけでランナーのスタートを遅らせる効果があるからです。

ランナー一、三塁では守備のサインは一変します。1点もやれない状況であればバックホームが最優先。もし一塁ランナーが盗塁を試みるようなら、セカンドに投げる、ピッチャーに返す、偽投してサードに送球する――この3つのうちのサインのどれかを必ず出しています。ピッチャー返しに「ランナーのスタートは速くなかったのに、どうして二塁に投げなかったんだ」と歯がゆく思うことがあるでしょうが、野手はサインに従っただけ。悪送球で1点を与える危険を冒すより、バッターを凡打に打ち取るほうを選びます。結果はどうあれ、野手はサインを守っただけなのです。

サインはすべて監督に、「100パーセントでいきます」のように伝えます。「わかった」と了解を取ってからキャッチャーに伝える。ベンチのほうを振り向いたときにサインを出し、野手にはキャッチャーから伝えられるのは、どの球団もそうだと思います。

ノーボール2ストライクから3球勝負するケースが増えてきているのは、できるだけピッチャーの投球数を少なくしようとするメジャーリーグの影響が大きいからでしょう。無走者のときがほとんどで、勝負するかどうかはバッテリーしだいです。どの球団もベンチからサインは出ていないでしょう。しかし、塁上にランナーがいる場合はキャッチャーはベンチを見ます。

0―2はもちろん、1―2、1―1のようにピッチャーに有利なカウントでは、「外せ」のサインを出すことはよくあります。ランナー一塁や二、三塁ならエンドランやスクイズがあるからで、「外せ」だけではなく、「速い牽制をしろ」とサインを出すこともあります。ランナーの動きを見るためで、1球の牽制球で相手チームの狙いがわかることもあるからです。

攻撃のサインはシンプル

サインの出し方は何種類かあり、対戦相手が変われば変更します。試合前に、「今度の3連戦は、このサインでいく」と選手に説明するのです。

守備のサインに比べれば、攻撃のサインはシンプルといっていいでしょう。打順にもよりますがヒッティングはバッター任せ、3－0のバッティングカウントで「1球、待て」のサインを出すぐらいです。日米通算とはいえイチローに抜かれるまで、通算安打では日本記録保持者で日本ハムから移籍してきた張本さんと2、3シーズンだけ、いっしょにプレーしたことがありました。どこにでも打ち分けられる広角打法の元祖として知られていますが、そのバッティング技術は見事なものでした。状況に応じて打てるからで、張本さんはノーサインだったはずです。

バッターにサインが出されるとすれば、ランナー一塁でのバントです。守備のサインで明かしたように守備側もバントシフトを敷いてくるのは見え見えなので、バントエンドランやバスターのサインに切り替えることもあります。また、ノーアウトかワンアウト三塁では、当然スクイズもあります。バッターはそれを頭に入れて打席に入っているはずなのに、サインを見落とす選手がいます。3－0のカウントで「1球、待て」とサインを出しているのに、バットを出して……めったにはないことですが、状況判断ができていないというしかありません。

また、一塁ランナーが俊足であれば盗塁のサインが出ることがあり、バッターには「待て」のサインを送ります。2ストライク取られていればバットを出すのはしかたないにしても、不利なカウントではなく、しかもランナーは絶好のスタートを切ったのにファウルするバッターがいます。これもベンチは頭を抱え、舌打ちするしかないシーンです。盗塁を狙ったときはバットを出して、キャッチャーが二塁に送球するのを少しでも邪魔しようとするのがセオリー。このあたりはバッターのセンスというしかないのですが、プロであればできて当然です。

俊足で覚えているのが私が現役のころ、野球の経験はないのに足の速さだけを買われて代走専門の選手としてロッテに入団した飯島秀雄《いいじまひでお》です。陸上100メートルの当時の日本記録保持者だっただけに、三塁に代走で出てタッチアップからホームインするときはほれぼれするくらい速かった。一塁から二塁、二塁から三塁へのベースランニングも速さを感じさせましたが、タイムを計ってみるとそうでもない。ダイヤモンドは四角く、しかもベースを踏んで走らなければならなかったからで、1周タイムなら飯島より速い選手はたくさんいましたし、盗塁もそれほど多くなかった（1969から71年、盗塁23、盗塁死17）。話題を集めたものでしたが、野球はそんなに簡単なスポーツではないということです。

キャッチャーのサインは千変万化

今は話題にならなくなりましたが、サインの解読が騒がれたことがありました。ベンチから出されるサインにしろ、キャッチャーがピッチャーに送る球種のサインにしても解読できればとてつもないアドバンテージになります。キャッチャーがマウンドに行くとマスクを付けているキャッチャーはともかく、ピッチャーがグラブで口元を隠すのも読唇術で何を話しているのか悟られないためです。

1球ごとにキャッチャーからピッチャーにサインが出ます。股間から右手の指を1本から5本まで出し、1本はストレート、2本はカーブ、3本はチェンジアップのように決められますが、テレビ観戦していてもその手元が映されるように単純な出し方ではすぐに見破られてしまいます。よく見ていると1球ごとに指の本数が何度も変わるのは、それぞれに意味があるからです。相手チームに読まれないように工夫しているのですが、サインは球団それぞれの企業秘密。説明するのはタブー、現場を離れた今でも明かすことはできません。

ただ1つだけ、もう書いても時効の経験があります。甲子園球場の阪神戦、ピッチャーは江夏豊。卓越したスピードの持ち主でマウンドに立たれると、いつも苦しめられていましたが、一塁ランナーが少しリードを取るだけで田淵幸一捕手が出すサインが見えるというのです。ある回の攻撃のとき、ベンチ前で円陣を組み全ナインにそれが伝えられ、ランナーに出たらサインを読んでベンチに送る方法が伝えられたらしいのです。らしいというのは、そのとき、円陣の中に私は入っていなかったからです。この日はスターティングメンバーではなく、そろそろ代打に出されるかもしれないと、ベンチ裏で素振りをしていたからです。

その回は先頭バッターが出塁、「上田、出番だぞ」とコーチから声が掛かります。私はてっきりピンチヒッターだと思いバットを手にすると、「代走に行け」でした。江夏が2球投じたときでした。タイムがかかり私のところに来たコーチが、「お前は聞いていなかったんだよな」と耳打ちされましたが、私には何のことやらわからないでいると代走の代走がコールされ、「足を痛めたふりをして、引きずってベンチに戻れ」とコーチはいいます。

甲子園球場はベンチからダイヤモンドまで距離があり、演技しながら戻るまで時間がかかったこと。その挙げ句、川上監督から「何を聞いていたんだ!」と雷を落とされれば、「すみません」と謝るしかありません。事の真相を知ったのはその後。長く選手をやっていると、いろいろあるのです。

プロ野球選手はなぜ姉さん女房が多いのか

巨人の澤村拓一は2011年のシーズン終了後に結婚し、2012年のシーズン前には楽天の田中将大が結婚したことが明らかになりました。2人は同い年の24歳。晩婚がふつうになっている世間の感覚では早いでしょうが、私はプロ野球選手の早婚は大賛成です。

とにかくモテるのが、プロ野球選手。体力があり収入も多く、女の子にちやほやされます。若い選手がその気になって、失敗した例をたくさん見てきました。選手にそのつもりはないのに、「デキちゃったの……」と告白されて結婚、そして別れた例も知っていますが、若くして結婚し幸せな家庭生活を送るうちに成長した選手のほうが比べ物にならないくらい多いのです。

球団名も選手名も明かせませんが、高校からプロ入りして2年たつかどうかで結婚を決意。お世話になった関係者に相談して、20歳で結婚。デキちゃった婚とはほど遠い、人生の伴侶はこの女性しかいないと思い定めて成功した選手を私は知っています。

1年の半分以上、キャンプや試合に明け暮れるのがプロ野球選手。家庭を持つことへのあこがれは人一倍強い。身の回りを任せられ食事は自宅で摂れるようになり、野球に専念する環境が整うことになるからです。子どもが生まれれば家庭を支える自覚はさらに増すように、いいことずくめ。不幸にして離婚することもあるのは一般人と変わりませんが、結婚は選手として成長する何よりの条件であると私は思います。

チーム作りは誰がするのか

監督が替われればチームも一変します。守りを重視するのか、打力にかけるのか、新監督流のチーム作りをするものです。いきなりリーグ優勝する例もありますが、それはFAやトレードでの強化が功を奏したからです。スポーツマスコミは、監督に選手を見極める眼力があったからと称賛したりしますが、球界に身を置く者から見れば事情はかなり異なります。

球団にもよりますが、チーム編成を担当するのは編成本部長。日本では球団代表が兼任することがほとんどですが、いわゆるゼネラルマネジャー、GMの仕事です。日本でその存在を認めさせたのはダイエーの球団社長に就任した直後に急逝された根本《ねもと》陸夫《りくお》さんでした。広島監督だったころに、よく声をかけてもらいましたが、西武やダイエー（現ソフトバンク）の監督を務め、その後の強豪球団の礎を築いています。根本さんは選手を引退後、コーチはもちろん管理部長など、チーム全体を見通す立場を経験したのが大きかった。大胆なトレードを実現させることができたのは、オーナーを説得できる野球への卓越した見識があったからです。

メジャーリーグでチーム編成に卓越した手腕を発揮しているといえば、30歳の若さで１９９８年からヤンキースのＧＭの座にあるブライアン・キャッシュマンです。他球団の大物選手にＦＡ移籍やトレード話が浮上すると必ず名前が出てきますが、選手経験は皆無。それなのに億単位の報酬を手にしているのは、ヤンキースが金持ち球団である以上に野球を知り尽くしているとオーナーが認めているからです。

日本では親会社から球団代表が出向してきてＧＭを兼任するのがふつうですが、残念ながら野球を勉強しているとも精通しているとも思えません。監督やコーチは補強策を提案しているはずですが、なかなか結果に結びつかないのはそんな事情があるからと思えてなりません。

根本さんのあと、巨人の先輩である広岡達朗《ひろおかたつろう》さんがロッテで、元阪神の中村勝広《なかむらかつひろ》さんはオリックス、元巨人の高田繁《たかだしげる》さんは日本ハムでGMとして2年連続リーグ優勝に貢献し、日本ハム退団後は新生球団DeNAでGMの座に就いています。もし、高田GMが招いた中畑清監督が前シーズンを上回る成績を残すようなら、名GMと讃えられるのではないでしょうか。

球団は誰のものなのか

昨シーズン末、巨人の清武英利《きよたけひでとし》球団代表が渡邉恒雄《わたなべつねお》取締役会長を告発するという、巨人OBには耳を覆いたくなるような出来事が起きました。発端はコーチ人事を巡る意見の食い違い。その後、清武代表は巨人を去って訴訟合戦になり、さらにシーズンイン直前には朝日新聞が契約金問題を取り上げています。スカウトとして接した選手が含まれていただけにいたたまれなくなりましたが、金銭的な交渉は球団上層部の仕事です。そして何より影響を受けたのはナインです。開幕からのスタートダッシュに失敗したのは、2つの出来事の影響なしとはいえないでしょう。

しかし、喜ばしいこともありました。横浜ベイスターズが、横浜DeNAベイスターズに生まれ変わったことです。DeNAのかつての球団名は大洋ホエールズ。オールドファンなら知っているでしょうがホエールズは鯨。大洋漁業という水産会社が保有、捕鯨が事業の柱で球団関係者から「鯨1頭獲れば選手の年俸は賄える」と聞き、度肝を抜かれたのを覚えています。横浜の身売り話は表面化してから2年目に現実のものになりました。巨人の後輩でもある中畑監督には長く指揮を執ってもらいたいものです。

球団を持つには数十億円の資金が必要です。黒字と言われるのは巨人と阪神だけ、多くのオーナーは億単位の赤字を埋めなければなりません。広告費と割り切れるのならいいのですが、企業の論理として長く赤字が続くのであれば、手放そうとするのは当然というしかありません。しかし、野球は国民的スポーツ、球団は誰のものなのかと問われれば私はファンのものであると答えます。ファンのため、プロ野球選手を夢見る多くの少年のためにも、存在しなければなりません。

少年野球の指導に懸ける夢

私は選手として15年間、その後17年間コーチ生活を経験しましたが、ユニフォームを脱いだら子どもたちに正しい野球を教えたいという夢を持っていました。それが2012年2月に実現しました。埼玉県草加《そうか》市にあるバッティングセンターで教えているのは小学1年生から中学1年生。週に1度、月4回の野球塾です。「野球がうまくなりたい、将来はプロ野球選手になりたい」という夢を持つ子どもがほとんど。

バットを握るのは初めて、グラブをはめる手つきがぎこちない子もいますし、バットを振るのがやっとの子も通ってきます。1回の指導時間は1時間、それも6人までの少人数制です。もっと多くの子どもを教えられますが、それでは目が行き届かなくなりかねません。じっくり指導したいからで、1人にトスバッティングしている隣では2人にバッティングゲージで打たせます。残りの3人は、巨人軍同期入団の友人が守備やピッチング練習をさせます。

1時間は短いようですが、子どもたちはまだ体力も集中力もあるとはいえません。5分バットを振ると腕が下がってきます。「疲れたか」と聞いても、「大丈夫です！」

と元気な答えが返ってきます。私がセーブしないと、いつまでも頑張りますから1つの練習は長くて5分前後。休憩させながら指導します。

教えていてうれしくなるのは、1週ごとに目に見えて技術が上達していくことです。4、5年生以上は野球チームに入っていますから週末には試合に出場していま す。その報告を聞くのも楽しみなのですが、恥ずかしいのかなかなか答えてはくれません。付添いの親御さんに促されて「ヒット2本、打ちました」と話してくれたりすると、「よかったな」と褒めます。

プロ野球もそうですが失敗をなじっても選手は伸びません。萎縮させかねないからです。長所に目を向けて褒めるのは、メンタルトレーニングでもっとも重視されること。子どもなら、なおさらなのはいうまでもないでしょう。指導者に必要なのは愛情と情熱です。教え方が1人ひとり違うのは当然で、指導者も勉強するしかありません。

少年野球を指導する夢は、まだスタートしたばかりです。塾が終わって自宅に帰る電車では、その日教えた子どもたち1人ひとりの成長ぶりをノートに付けています。

すべて書き終わるころに、ちょうど電車を降りる駅に着きます。私にはもっとも楽しい時間でもあるのです。

通算サヨナラホームラン記録

（○は現役選手、記録は2012年9月19日時点）

本数	選手（最終所属）	通算ホームラン数
12	清原　和博（オリックス）	525
11	野村　克也（西武）	657
9	○中村　紀洋（DeNA）	390
8	王　　貞治（巨人）	868
	若松　　勉（ヤクルト）	220
7	豊田　泰光（サンケイ）	263
	長嶋　茂雄（巨人）	444
	藤井　康雄（オリックス）	282
	○井口　資仁（ロッテ）	204
6	飯田　徳治（国鉄）	183
	山内　一弘（広島）	396
	毒島　章一（東映）	122
	張本　　勲（ロッテ）	504
	矢野　　清（阪急）	64
	松原　　誠（巨人）	331
	永池　徳士（阪急）	338
	田淵　幸一（西武）	474
	門田　博光（ダイエー）	567
	広沢　克実（阪神）	306
	池山　隆寛（ヤクルト）	304
	T・ローズ（オリックス）	464
	○金本　知憲(阪神)	475
	R・ペタジーニ（ソフトバンク）	233
	○二岡　智宏（日本ハム）	175
	○A・カブレラ（ソフトバンク） ※2012年7月31日付自由契約	357

通算サヨナラヒット記録

（○は現役選手、記録は 2012 年 9 月 19 日時点）

本 数	選手（最終所属）	通算安打数
20	清原　和博（オリックス）	2122
19	野村　克也（西武）	2901
15	王　　貞治（巨人）	2786
	○ 中村　紀洋（DeNA）	1958
14	長嶋　茂雄（巨人）	2471
	広瀬　叔功（南海）	2157
13	立浪　和義（中日）	2480
12	飯田　徳治（国鉄）	1978
	杉山　　悟（近鉄）	1184
	藤井　　弘（広島）	1035
	豊田　泰光（サンケイ）	1699
	大島　康徳（日本ハム）	2204
	原　　辰徳（巨人）	1675
	藤井　康雄（オリックス）	1207
	○ 金本　知憲（阪神）	2534

通算満塁ホームラン記録
(○は現役選手、記録は 2012 年 9 月 19 日時点)

本　数	選手（最終所属）	通算ホームラン数
15	王　　貞治（巨人）	868
14	藤井　康雄（オリックス）	282
	○ 中村　紀洋（DeNA）	390
13	駒田　徳広（横浜）	195
	江藤　　智（西武）	364
	小久保裕紀（ソフトバンク）	409
12	野村　克也（西武）	657
	江藤　真一（ロッテ）	367
11	門田　博光（ダイエー）	567
	山本　浩二（広島）	536
	清原　和博（オリックス）	525
	○ 中村　剛也（西武）	231
10	田淵　幸一（西武）	474
	池山　隆寛（ヤクルト）	304
	○ 松中　信彦（ソフトバンク）	352
	○ A・ラミレス（DeNA）	377
	○ 井口　資二（ロッテ）	204

一〇〇字書評

切り取り線

購買動機（新聞、雑誌名を記入するか、あるいは○をつけてください）

□（　　　　　　　　　　　　）の広告を見て
□（　　　　　　　　　　　　）の書評を見て
□ 知人のすすめで　　□ タイトルに惹かれて
□ カバーがよかったから　　□ 内容が面白そうだから
□ 好きな作家だから　　□ 好きな分野の本だから

●最近、最も感銘を受けた作品名をお書きください

●あなたのお好きな作家名をお書きください

●その他、ご要望がありましたらお書きください

住所	〒				
氏名		職業		年齢	

新刊情報等のパソコンメール配信を 希望する・しない	Eメール	※携帯には配信できません

あなたにお願い

この本の感想を、編集部までお寄せいただけたらありがたく存じます。今後の企画の参考にさせていただきます。Eメールでも結構です。

いただいた「一〇〇字書評」は、新聞・雑誌等に紹介させていただくことがあります。その場合はお礼として特製図書カードを差し上げます。

前ページの原稿用紙に書評をお書きの上、切り取り、左記までお送り下さい。宛先の住所は不要です。

なお、ご記入いただいたお名前、ご住所等は、書評紹介の事前了解、謝礼のお届けのためだけに利用し、そのほかの目的のために利用することはありません。

〒一〇一-八七〇一
祥伝社黄金文庫編集長　吉田浩行
☎〇三（三二六五）二〇八四
ohgon@shodensha.co.jp

祥伝社ホームページの「ブックレビュー」からも、書けるようになりました。
http://www.shodensha.co.jp/bookreview/

祥伝社黄金文庫

プロ野球《やきゅう》スカウトが教《おし》えるここ一番《いちばん》に強《つよ》い選手《せんしゅ》 ビビる選手《せんしゅ》

平成24年10月20日　初版第1刷発行

著　者　上田武司《うえだたけし》
発行者　竹内和芳
発行所　祥伝社《しょうでんしゃ》
〒101－8701
東京都千代田区神田神保町3－3
電話　03（3265）2084（編集部）
電話　03（3265）2081（販売部）
電話　03（3265）3622（業務部）
http://www.shodensha.co.jp/

印刷所　堀内印刷

製本所　ナショナル製本

　ISBN978-4-396-31590-0 C0195